엄마,
말하고
싶어요

엄마, 말하고 싶어요

초판1쇄 발행 2022년 4월 20일

지은이 홍성미
펴낸이 정광진

펴낸곳 ㈜봄풀출판
디자인 김성엽

신고번호 제406-3960100251002009000001호
신고년월일 2009년 1월 6일

주소 경기도 고양시 일산동구 숲속마을2로 141
전화 031-955-9850 | **팩스** 031-955-9851
이메일 spring_grass@nate.com

ISBN 978-89-93677-80-5 03700

이 책에서는 독자의 이해를 돕기 위해 주 양육자를 '엄마'로 표현했으나 주 양육자는
엄마 아빠를 포함한 할아버지, 할머니 등 현재 아이를 양육하고 있는 사람을 뜻합니다.

엄마는 언어치료사
프로젝트

엄마,
말하고
싶어요

홍성미 지음

봄풀

엄마,
말하고
싶어요
········
차례

프롤로그_ 아이에게 튼튼한 '언어의 집'을 지어주세요 … 008

1장

나는 어떤 엄마일까요?

아이의 첫 번째 말 선생님은 엄마입니다 … 015

나는 어떤 스타일의 엄마일까요? … 021

라포 형성이 먼저입니다 … 027

마더리즈(Motherese)는 어떤가요? … 032

아이의 신호에 응답하고 있나요? … 036

아이들의 말을 알고 계신가요?

말을 하려면 세 가지 기초가 다져져야 합니다 … 043

아이들의 첫 번째 말 세계는 이해언어입니다 … 050

아이들의 두 번째 말 세계는 표현언어입니다 … 055

울음, 웃음, 몸짓도 말이랍니다 … 061

'가짜 엄마'와 '진짜 엄마' 그리고 '후루루따 후따까'가 뭘까요? … 065

말은 듣는 만큼 배운답니다 … 073

끊임없이 반복하는 축복의 말을 아시나요? … 077

엄마와 아이의 말 사이에는 장벽이 있답니다 … 085

아이들은 좋은 말, 나쁜 말을 몰라요 … 091

아이들의 말은 지금도 자라는 중입니다 … 095

우리 아이가 정말 말 늦은 아이인가요?

아이의 언어능력은 어떻게 판단하나요? … 101

말이 왜 늦는 걸까요? … 106

늦은 게 아니라 느린 겁니다 … 111

갑자기 말이 터졌다고요? … 115

말 늦은 아이의 말 세상은 어떻게 만나나요? … 119

말 늦은 아이와 말할 때는 다섯 가지 슬기로운 대화 기술이 필요합니다 … 124

조급하다고 서두르면 안 돼요 … 128

아이의 말에 날개를 달아주세요

말을 가르치기 전에 알아야 할 게 있어요 … 137

인간은 놀이하는 동물 호모 루덴스입니다 … 144

생후 6개월, 엄마와 함께하는 언어놀이 … 150

생후 6~12개월, 엄마와 함께하는 언어놀이 … 159

생후 12~18개월, 엄마와 함께하는 언어놀이 … 166

생후 18~24개월, 엄마와 함께하는 언어놀이 … 173

생후 24~30개월, 엄마와 함께하는 언어놀이 … 182

생후 30~36개월, 엄마와 함께하는 언어놀이 … 189

내향적인 아이의 언어를 자극하는 5가지 방법 … 195

노래로 언어를 자극하는 3단계 … 200

자음을 알아야 발음이 정확해져요 … 206

발음도 연습을 해야 해요 … 214

아이가 갑자기 말을 더듬는다고요? … 221

엄마의 대화법이 아이의 생각을 키워줘요 … 227

5장

아이의 언어발달을 가로막는 장애물을 제거해 주세요

영상 미디어에 관대한가요? ··· 237

세이펜은 엄마의 말을 대신할 수 없어요 ··· 243

모국어를 잘해야 제2언어도 잘해요 ··· 248

책도 잘 만나야 좋아진답니다 ··· 253

아이와 책을 사랑에 빠뜨려 주세요 ··· 258

끈기와 믿음이 필요해요 ··· 263

에필로그 아이의 사랑을 기억하세요 ··· 269

아이에게 튼튼한
'언어의 집'을 지어주세요

엄마가 되면 지하철의 엘리베이터, 모임 장소의 수유실, 유모차가 갈 수 있는 길과 갈 수 없는 길 등 전에는 보이지 않던 것들이 보인다. 언어치료사로 일하는 나도 엄마가 되고 나니 전에는 보지 못했던 것들이 하나둘 보이기 시작했다.

"어머니, 오늘 준이는 가을과 관련된 단어들을 배웠어요. 우리나라에는 사계절이 있고, 가을이 되면 무엇이 변하는지 그림책을 보며 단어들을 익혔고요. 여러 종류의 낙엽으로 예쁜 꽃다발을 만들면서 색깔과 연관된 단어도 공부하고, '색깔+낙엽, 이름+꽂아'라는 문장을 배웠어요. 준이하고 집에서 오늘 배운 단어와 문장을 활용해 연습해 주세요."

엄마가 되기 전에는 말이 느린 아이의 엄마에게 그때그때 아이와 함께했던 활동을 설명하고 나서는 뭔가에 쫓기기라도 하듯 급한 인사로 마무리하곤 했다. 엄마들의 표정이나 그녀들이 궁금해하는 것 그리고 그 뒤에서 내 말을 듣고 있었을 수많은 아이들은 나 몰라라 했다. 바로 이어지는 수업 때문에 어쩔 수 없다는 건 머릿속에서 만들어낸 합리화에 지나지 않았다.

나를 보고 배시시 미소 짓는 아이들이 어떤 때 가장 기뻐하는지, 어떤 칭찬을 받을 때 좋아하는지, 무엇이 그들을 힘들게 하는지, 누구와 친하게 지내는지 알려고 하지 않았다. 위로와 공감이 필요했을 엄마들에게도 '괜찮다, 잘하고 계신다, 식사 잘 챙겨 드시라'는 흔한 위로조차 건네기에 인색했다. 오직 아이의 말에만 초점을 맞추었다.

그분들이 어떤 마음으로 아이를 치료실에 데리고 왔을지, 어떤 마음을 품고 집으로 향했을지 조금이나마 헤아리게 된 지금, 아이와 엄마를 위해 최선을 다한다고 생각했던 그때의 나를 돌이켜보면 민망하기 그지없다.

엄마가 되고 나서 얼마 동안은 매일 선잠 속에서 젖을 물렸다. 아이가 밤새 칭얼대기라도 하면 배가 고파서인지, 축축한 기저귀가 문제인지, 내가 알아차리지 못하는 어떤 고통이 있는 건 아닌지 걱정에 깊은 잠을 이룰 수 없었기 때문이다. 아이가 아프기라도 하면 열이 펄펄 끓는 아이를 끌어안고 밤새 곁을 지키며 가슴을 쓸어내리곤 했다. 그렇게 진짜 엄마가 된 후에야 아무 생각 없이 내뱉었던 말들이 수많은 준이 엄마의 마음에 덕지덕지 생채기를 냈다는 걸 깨달았다.

햇살이 좋아 아이와 공원을 산책하던 어느 날이었다.

'엄마가 된 지금 내가 다시 그분들을 만난다면 어떤 이야기를 해줄 수 있을까? 그래. 엄마의 시선으로, 엄마의 마음으로 '말이 느린 아이'를 키우는 엄마들에게 구체적으로 도움이 되는 글을 좀 더 따뜻하게 건네보자.'

생각이 들었고, 이 글은 그래서 시작되었다.

어떤 아이는 또래보다 말이 느리거나 늦으며 못하기도 한다. 말은 자기 생각과 의도, 가치관 등을 보여주기에 가장 적합하고 편한 도구이긴 하지만 누구나 잘 쓸 수 있는 건 아니다. 제대로 습득하지 못하면 말하기가 쉽지 않은데 그 원인은 신체적, 인지적, 정서적인 면 등 다양한 곳에서 발생한다. 만약, 그런 부분에 문제가 없다면 환경의 방해 때문은 아닌지 확인해야 한다.

아이는 엄마의 사랑을 느끼고, 엄마의 말을 이해하고, 엄마와의 상호작용이 즐거워야 내면에 견고한 '언어의 집'을 짓게 되며 타인과 의사소통하려는 욕구를 느낀다. 그러면서 마침내 '말'이라는 도구를 사용하기 시작한다.

자, 지금부터 아이들의 말 속으로 들어가 보자.

1장

나는 어떤
엄마일까요?

아이의 첫 번째
말 선생님은 엄마입니다

치료실 문이 열리면 몸이 바빠진다. 아이의 시선, 표정, 행동 하나하나를 놓치지 않으려 눈에서는 레이저를 뿜고, 펜을 쥔 손은 흰 종이 위를 쉴 새 없이 활보한다. 아이만 관찰하는 건 아니다. 아이를 대하는 엄마의 반응, 양육 및 의사소통 스타일 같은 것들을 파악하려 소리 없이 오감을 작동시킨다.

정형화된 검사는 아이의 '언어 나이'를 확인하는 도구다. 하지만 그 결과치로는 아이의 언어 능력을 정확히 알 수 없다. 다양한 검사와 함께 엄마와의 인터뷰, 어린이집이나 유치원에서의 아이 행동, 아이의 주변 환경 및 집에서의 모습, 또래 친구들과의 관계 등 수집한 정보들과 치료실에서 관찰한 전부를 종합해 보아야 한다. 언어 능력 판단에 있어 검사는 필수지만 전부는 아니라는 뜻이다. 그중 특히 중요한 건 엄마와의 인터뷰다. 아이의 성향이나 기질, 성장과정, 엄마와의 관계, 엄마의 양육관과 가치관, 엄마의 의사소통 스타일 등 아이의 언어 능력에 영향을 끼치는 여러 가지 정보를 얻을 수 있기 때문이다.

4년 전, 나는 한 아이의 엄마가 되었다. 처음 겪어보는 일들이 연속해 벌어지는 바람에 무척 당황스러웠다.

식탐이라곤 아무 데서도 찾아볼 수 없던 우리 아이 규하는 먹는 양도 적은 데다 입까지 짧아 먹이는 일이 여간 힘든 게 아니었다. 젖 빠는 힘이 너무 약해 혹시 혀 밑에 달린 설소대나 혀 자체에 문제가 있을지도 모른다는 생각에 의사를 찾아다니기도 했다. 돌이 다 되었는데도 한 번에 먹는 분유의 양이 100ml가 될까 말까였다. 새벽잠 설쳐가면서 유기농 채소, 소고기 같은 재료들로 만든 이유식조차 쓰레기통에 버려지기 일쑤였다. 그러다 마침내 밥을 먹기 시작했는데, 그때부터는 또 삼시 세끼 반찬 걱정에 스트레스가 장난 아니었다. 새로운 생명을 만나던 때의 경이로운 경험, 규하를 볼 때마다 절로 우러나는 미소와 사랑, 기쁨이 없었다면 못 견뎠을지도 모른다.

이처럼 규하뿐만 아니라 어떤 아이든 혼자 '밥'을 먹을 수 있게 되기까지는 많은 준비와 과정을 거쳐야 한다. 곡식, 채소, 육류 등 다양한 재료와 양, 질감 등에 적응시켜야 하며, 숟가락과 젓가락 잡는 법과 음식을 떨어뜨리지 않고 입안에 넣는 법, 윗니 아랫니를 움직여 음식을 씹는 법도 가르쳐야 한다. 어찌 밥 먹는 일뿐이랴! 대소변을 가리려면 배변 훈련을 해야 하고, 양치질 및 옷 갈아입기, 신발 신기, 장난감 정리하기, 목욕하기 또한 끊임없이 반복해 알려줘야 한다. 지나고 나면 그 모든 일이 저절로 된 것 같지만 전혀 그렇지 않다.

아이에게 이 같은 삶의 기본을 가르치는 사람, 아이와 제일 많은 시간을 보내며 늘 곁에서 보살펴주는 사람, 자기 아이를 가장 잘 알고 이해하는 사람, 아이 인생에 가장 큰 영향을 미치는 사람은 누굴까? 바로 엄마다.

'말'도 마찬가지다. 가르치고 고쳐주는 첫 번째 사람은 바로 '엄마'다. 엄마는 아이의 첫 번째 말 선생님이다. 그런 엄마가 아이에게 말을 가르치려면 먼저 알아야 할 세 가지가 있다.

첫째는 아이의 말뿐만 아니라 행동, 시선, 오감(청각, 시각, 촉각, 미각, 후각), 좋아하는 것과 싫어하는 것, 세상과 만나는 아이만의 통로, 기질, 아이가 선호하는 사람들의 공통점 등을 객관적인 시선으로 보고 기록해야 한다는 것이다. 그래야 그것을 바탕 삼아 의사소통에 대한 아이의 호기심을 불러일으킬 수 있으며, 원만하게 소통하도록 돕는 게 가능하다.

둘째는 아이의 의사소통 방식이다. 자신이 원하는 것을 그냥 바라만 보는지, 그것을 얻어내려 울거나 소리를 지르는지, 엄마 손을 잡아끄는지, 한두 개라도 단어를 사용해 표현하는지를 알아야 한다. 그러려면 시선, 발성, 말소리 등을 자세히 기록해야 한다. "아는 만큼 보인다."고 했다. 자세할수록 아이의 말이 자라는 과정이 구체적으로 보인다.

새로운 장난감이나 낯선 사람을 보면 아이들은 대개 손을 뻗어 만지려 드는 식으로 관심을 드러낸다. 하지만 규하는 눈조차 깜빡이지 않고 집요하게 쳐다보기만 했다. 어떻게 해야 규하가 보통 아이들처럼 소통할 수 있을까 고민했으나 판단이 서지 않았다. 그렇다고 가만히 있을 수는 없어 규하가 보고 있는 것과 관련해 무작정 대화를 시도했다. 그랬더니 신경질을 크게 낸 다음 더는 그것에 흥미를 보이지 않았다.

비슷한 상황을 여러 번 겪고 나서야 나는 아이의 관찰 시간을 존중하기 시작했다. 그러고는 어느 정도 시간이 지나면 규하가 처한 상황이나 느꼈을 감정에 대해 넌지시 말을 건넸다. 그렇게 조금씩 다가갔더니 규하도 마침내 나를 자신의 세계로 초대해 주었다. 그랬다. 소통방식이 '관찰'인 규하에게 그동안 엄마는 예고도 없이 불쑥 끼어든 훼방꾼이었던 것이다.

	아이들의 의사소통 4단계
1단계	"혼자 노는 게 좋아요." 이 단계의 아이는 혼자 놀고 싶다. 주변에 관심이 없다. 자기의 표현이 타인에게 어떤 영향을 미치는지 이해하지 못하므로 의사 표현에 어떠한 의도도 없다.
2단계	"내 의도를 알아채 주세요." 엄마를 자기가 원하는 곳으로 잡아끌거나 데리고 가는 방식으로 의사를 전달한다. 자기 행동이 타인에게 영향을 미친다는 걸 깨닫기 시작했기 때문이다.
3단계	"이렇게 표현하는 게 맞나요?" 좋아하는 장난감을 보았을 때처럼 동기부여가 강한 상황에서 특정한 몸짓이나 소리, 단어들을 통해 다른 사람에게 의사를 표현한다. 뭔가를 본 후 엄마의 시선을 끌며 자신의 관심을 나누기 시작하는데, 아이가 '공동 관심'이라는 개념을 발달시키는 단계다.
4단계	"서툴지만 나와 이야기해요." 다른 사람과 상호작용을 즐기며 짧은 말로 대화한다. 하지만 대화가 중간에 끊길 뿐만 아니라 상대의 말을 따라 할 때가 더 많다.

셋째는 엄마인 나는 어떤 말투, 어떤 표정, 어떤 몸짓으로 아이에게 말을 건네고 있는지, 어떻게 의사소통을 하는지 알아야 한다. 아이와의 하루하루를 기억하려 영상을 많이 찍는 나

는 가끔 깜짝깜짝 놀란다. 내 얼굴이나 목소리가 잠깐씩 스치듯 나오는, 늘 아이가 주인공인 그 영상들을 보는 중에도 나는 규하와 대화를 잘하고 있는지, 놀이를 방해하지는 않는지, 놓치는 요구는 없는지 살피는데, 그러다 보면 종종 생경한 나를 마주하게 되기 때문이다. 그렇듯 엄마는 아이에게 쓰는 말투, 단어, 문장, 행동, 시선, 자세, 리액션 등에 대해 잘 안다고 생각하지만 실은 생각과 다를 때가 많다. 정확히 알아야 고칠 점과 강화할 점을 찾아낼 수 있다.

명심해야 할 것은 사람과 사람 간에는 지켜야 할 예의가 있다는 점이다. 내 아이라고, 어리다고 무시해서는 안 된다. 엄마와 자식이라는 위계 관계에서 벗어나 사람 대 사람이라는 동등한 자세로 아이에게 다가가야 한다.

나는 어떤 스타일의
엄마일까요?

나는 아이를 낳으면 편안하고 재미있는 친구가 되겠다고 다짐했다. 하지만 간과한 게 하나 있었다. 엄마인 내가 가지고 태어난 성향, 바로 기질이었다. 낯선 환경이나 잘 모르는 미지의 세계에 대해 공포를 느끼는 나는 낯선 이를 만나거나 어떤 것들을 처음 접하게 되면 가끔 지나칠 정도로 긴장한다. 학생 때도 그랬다. 발표 과제가 떨어지면 늘 몇 날 며칠 밤을 새워 자료를 만든 후 토씨 하나까지 달달 외우고 나야 친구들처럼 발표할 수 있었다.

　그런데 엄마가 되고 나니 한 번도 경험하지 못했던 미지의 세계가 끝없이 펼쳐졌다. 정신을 차릴 수가 없었다. 첫 1년간은 불안이 극에 달해 친구 같은 엄마는커녕 규하가 스스로 탐색할 기회까지 빼앗았다. 게다가 예민하고 까탈스러운 민감형 아이였으니 엎친 데 덮친 격이었다.

규하는 돌 전까지 옹알이도 별로 안 하고 잘 웃지도 않았다. 아이들은 대부분 아빠보다 엄마를 보고 생글생글 웃는데, 규하는 오히려 아빠를 보면 어쩌다 한 번 웃어주는 정도였다. 잠을 자는 동안 배냇짓으로 웃는 모습을 촬영해 놓고는 '도대체 엄마에겐 언제 그렇게 웃어줄 거냐'고 생각하며 투정 섞인 일기를 쓰기도 했다.

'혹시 내 기질적인 불안함이 아이의 뭔가를 옥죄고 있는 건 아닌가?'

생각이 들었다. 친구 같은 엄마가 되겠다고 다짐했건만 아이의 웃음에 굶주린 나는 정작 불안만 키우는 엄마가 되어가는 것만 같아 두려웠다.

그 후부터 남편에게 내 심리상태를 매일 이야기했다. '괜찮다, 괜찮다' 주문을 외우며 스스로 보듬기 시작했다. 그리고 나서야 아이와 제대로 마주하는 게 가능해졌고 장난도 주고받게 되었다. 규하도 자주 웃기 시작했으며, 또래보다 늦었던 말도 일취월장 날아올랐다.

불안에 떨던 나처럼 엄마에겐 각자 타고난 스타일이 있는데, 자신의 스타일을 알아야 아이의 언어발달을 위해 무엇을 바꿔야 하는지 알 수 있다. 언어치료사로서 오랫동안 많은 엄마를 보아 온 나는 넓게 4가지로 스타일을 나눈다.

첫째는 '도와주고 가르쳐주려는 엄마'다.

"저는 아이가 무엇을 필요로 하고 원하는지 본능적으로 알아요. 그래서 적절한 타이밍에 도와주는 편이에요. 또 아이에게 다양하고 적극적으로 언어를 가르치고 자극을 줘요. 아이와의 대화가 너무 즐거워요. 하지만 아이 혼자 세상에 내놓기가 너무 불안해요. 옆에 달라붙어 지켜보면서 하나하나 도와줘야 안심이 돼요. 자꾸 자기가 스스로 하겠다고 떼를 쓰다가 밥이나 국을 뒤엎거나 실수하는데, 그럴 때마다 제가 해결해 주어야만 할 것 같아요."

이런 스타일의 엄마는 적절한 때에 아이의 욕구를 충족시켜 주고, 다양한 자극으로 빠르게 언어를 습득하도록 돕는다. 그런데 그게 지나쳐 아이 스스로 배우고 탐색할 기회를 빼앗기도 한다. 아이는 스스로 나서지 않아도 모든 일이 해결되는 경험을 하게 되면 굳이 말할 필요를 느끼지 못할 수도 있음을 알아야 한다.

두 번째는 '무관심한 엄마'다.

"저는 아이가 무슨 생각을 하는지 도통 모르겠어요. 우리 아이가 너무 독립적이라 그런지 말을 걸어도 대답이 없어요. 이젠 일방적으로 대화를 시도하는 일에 지친 나머지 아이와 대화하기가 꺼려져요."

아이는 성장과정에서 스스로 뭔가를 해내면서 성취감을 맛보고 자신감을 쌓으며 자존감을 높이는 존재다. 아이가 대화에 반응하지 않는 건 대화 자체를 즐기지 않거나 독립적인 성향 때문일 수 있다. 그럴 때면 아이와 상호작용을 기대하는 엄마는 짜증이 나기도 한다. 하지만 그렇다고 관심을 떨어뜨려서는 안 된다. 아이가 혼자 놀고 있다면 함께하기를 시도하면서 관심을 끌어 서로 소통하는 기회로 삼아야 한다. 뭔가에 집중하고 있는 아이를 존중하고 간섭하지 않는 게 기본이긴 하나 어떤 상황에서는 아이를 귀찮게 방해하기도 해야 한다.

세 번째는 '재촉하는 엄마'다.

"우리 아이는 무슨 일만 시켰다 하면 아주 세월아 네월아 해요. 대답할 때도 똑같아요. 질문하고 대답을 듣기까지 숨이 턱턱 막혀요. 별로 어려운 질문도 아닌데 그래요. 가끔은 귀에 문제가 있는 건 아닌지 걱정이 될 정도예요."

아이를 키우는 집의 일상은 전쟁통이라고 해도 과언이 아니다. 어린이집이라도 보내려면 아침 일찍 눈을 뜨자마자 씻기고, 밥 먹이고, 옷 입히고, 신 신기고, 가방을 챙겨 집 밖으로 나가기 전까지 눈코 뜰 새가 없다. 그러다 보니 자꾸 아이를 재촉한다.

"얼른 밥 먹자. 빨리 와서 양말 신자."

그렇다면 아이는 어떨까? 엄마가 왜 그러는지 이해할 수가 없다. 시간이나 약속 개념이 거의 없는 시기의 아이들은 그저 한없이 여유롭고 해맑다. 입에 밥 한 숟갈 넣고는 자리를 박차고 일어나 장난감을 가지러 가기도 하고, 양말을 한쪽만 신고서 좋아하는 책을 가져와 읽어 달라고도 한다. 왜 서둘러야 하는지 이해 못 하는 아이에게 엄마의 재촉은 스트레스일 뿐이다. 만약, 의사 표현에 서툴거나 어려워하는 아이라면 의사 표현을 위해 이런저런 시도를 하는 대신 '안 해' 또는 '싫어'라면서 단답형 대답으로 일관하거나 그냥 회피해 버린다.

네 번째는 '친구 같은 엄마'다.

"아이에게 억지로 뭔가를 가르치기 위해 놀이를 하지 않아요. 그냥 아이의 수준에 저를 맞추고 아이와 즐겁게 놀아요. '오늘은 어떤 말을 가르칠까'가 아니라 '오늘은 무슨 놀이를 하면서 놀까'가 주된 고민이죠. 엄마와 함께 있는 시간이 편안하고 즐거워야 아이가 자신을 표현할 기회가 많아질 수 있으니까요."

아이에게 최고의 학습이 놀이라는 사실은 모두 안다. 아이는 그렇게 일상 속에서 놀이를 통해 배우고 성장한다. 말도 마찬가지로 놀이를 통해 습득하고 발달된다. 엄마는 친구처럼 아이와 역할놀이 및 다양한 신체놀이를 하면서 아이의 언어를 자극해 줄 수 있다. 단, 엄마가 아이에게 뭔가를 자꾸 가르치려 한다고 느끼지 않는 선이라야 한다. 친구 같은 엄마는 아이에게 놀이로 풍부한 언어를 제공하는 선생님과 같다.

엄마들 대부분은 친구 같은 엄마가 되기를 원한다. 그러면서 친구 같은 엄마와 현실 엄마 사이에서 갈등하고 좌절도 겪는다. 셀 수 없이 많은 아이를 만났던 나조차도 내 아이 앞에서는 오랜 시간을 헤맨 후에야 비로소 아이와의 연결통로를 찾아냈다. 나처럼 헤매길 원치 않는다면 스스로를 객관화시켜 어떤 엄마인지 파악하고 대처해야 한다.

라포 형성이
먼저입니다

인간은 엄마와 아빠로 정해져 태어나지 않는다. 아이를 낳아야 비로소 엄마 아빠가 된다. 자식으로 태어나 자라서 자식을 낳으면서 부모가 되는 것이다. 따라서 어린 시절의 환경, 부모와의 관계, 삶의 경험 그리고 현재의 삶이 양육방식에 큰 영향을 미칠 수밖에 없다.

또 출생 후 만 2세까지인 영아와 엄마의 애착 형성은 출산 전 임신기에 엄마가 얼마나 잘 적응했는가에 뿌리를 두고 있으며, 엄마와 영아와의 애착 관계를 이해하려면 엄마 자신의 발달 역사 및 심리의 구조를 알아야 한다는 연구도 있다.

생후 1년간의 양육방식 결정 요인으로 엄마의 가족 역사가 결정적이며, 생후 2년까지 엄마(주 양육자)의 반응이 일관적이지 못하거나 무반응일 경우 영아의 공격성을 증가시킨다고 학자들(Heine-che, 1986. Cox, 1985)은 말한다. 또한, 아이가 울 때 보이는 엄마의 일관된 민감한 반응이 영아와의 애착 형성에 긍정적인 영향을 주는 것으로 나타났으며, 주 양육자와 아기의 안전 애착 대 불완전 애착 분류에서 주 양육자의 애착의 정도와 아기에게 형성된 애착의 정도가 75%의 일치율을 보이는 것으로 나타났다.

엄마와 아이는 촘촘한 상호작용을 통해 애착을 형성한다. 이때 엄마의 발달 역사는 아주 중요하다. 엄마가 부모와의 관계에서 경험한 애착의 정도에 따라 아이에게도 같은 애착의 경험을 제공할 가능성이 크기 때문이다. 불안정한 애착을 경험했던 엄마라면 아이에게 그 불안정한 애착을 그대로 물려줄 가능성이 크다는 뜻이다. 하지만 부모와 관계가 좋지 않았거나 안정된 애착을 경험하지 못했더라도 엄마가 그것을 인지하고 자신의 경험을 아이에게 전가하지 않으려 노력한다면 얘기는 달라진다. 아이와 안정된 애착 형성이 가능해진다는 말이다.

신체적, 인지적, 정서적 발달이 늦어지고, 눈 맞춤을 피하거나 혼자서만 놀려고 하며, 이름을 불러도 반응이 없는 등 행동에 있어 자폐 범주성 장애와 특성이 유사한 증상을 '반응성 애착 장애(Reactive Attachment Disorder, RAD)'라고 한다. 자폐와 다른 점은 심각한 의사소통 장애나 동일한 움직임을 반복하는 상동 행동이 나타나지는 않지만, 엄마와의 애착 정도가 매우 불안정한 경우에는 자폐 아동과 유사한 행동을 보이기도 한다.

임상 경력이 얼마 되지 않았을 때 반응성 애착 장애로 진단받은 아이의 언어치료를 진행한 적이 있다. 아이는 치료실 안 물건들을 전부 뒤집어 놓고는 서랍 속에서 딱풀을 꺼내더니 내 눈을 똑바로 쳐다보며 와작와작 씹었다. 마치 내가 어떻게 반응하는지 시험하려는 듯했다. 반응성 애착 장애가 있는 아이라는 걸 몰랐다면 나는 아이의 그런 행동에 경악했을 게 뻔하다. 아이 엄마는 산후 우울증으로 인해 아이를 방에 가두거나 관심을 보이지 않는 등 방치했다고 했다. 자폐아에게서 볼 수 있는 이상행동 또는 정신적 문제 같기도 한 행동들은 엄마와의 애착 관계에서 비롯된 것이었다.

그 후로도 애착 문제로 언어발달에 어려움을 겪는 아이들의 다양한 사례를 만나며 엄마와의 관계에서 맺어지는 애착이 아이의 정서발달에 얼마나 큰 영향을 미치는지 확실히 알게 되었다. 그리고 나는 무슨 일이 있더라도 아이와의 애착 형성에 정성을 다하리라 다짐했다.

그러나 엄마와 아이가 안정된 애착을 형성하기는 생각만큼 쉽지 않다. 나 또한 애착을 형성해야 하는 중요한 때 산후우울증이 찾아왔다. 게다가 규하가 자아를 견고하게 만드는 시기에 일삼는 변덕과 고집으로 인해 일관적인 엄마의 모습을 보여주지도 못했다. 다만, 그런 상황에서도 감정을 조절하며 크게 흐트러지지 않았던 이유는 단 하나, 아이가 부모로부터 안정된 애착을 경험하는 일이 얼마나 중요한지 알기 때문이었다.

엄마 혼자서만 애착을 안정되게 형성하려 애를 쓰는 건 아니다. 엄마에게 혼나 울다 잠이 들었다가도 일어나면 웃으며 사랑한다고 엄마를 안아주고, 어쩌다 아이에게 화를 내고 나서 미안하다고 말하면 언제든 꼭 껴안고 토닥토닥 엄마의 등을 두드려주는 게 아이들이다. 자신에게 어떤 잘못을 해도, 어떤 상처를 주어도 아이들은 엄마에게 손을 내민다. 그리고 두 팔 벌려 엄마를 안아준다. 그렇게 아이도 엄마와 안정된 애착을 뿌리내리려 노력한다.

안정된 애착을 형성한 아이들이 보이는 가장 큰 특징은 '자유로운 감정 표현'이다. 엄마가 자신을 사랑한다는 믿음이 있으므로 좋고 나쁨을 거르지 않고 그대로 노출한다. 그만큼 자기표현에 자신감을 가지며 움츠러들지 않는다. 하지만 애착이 불안정한 아이들은 슬픔이나 분노를 강하게 드러내거나 아예 드러내지 않는 방식으로 감정을 폭발시키거나 자제한다. 그 어린아이도 부모의 상황에 따라 눈치 보며 감정을 콘트롤한다니 슬픈 일이다.

마음과 함께 작동하는 '말'이라는 그릇에는 마음이 담기게 되어 있다. 아이의 마음을 움직이지 못하면 말을 끌어낼 수 없다는 뜻이다. 자기 옆에 안정되고 일관된 모습을 보이는 엄마가 늘 함께하고 있음을 느끼게 해주는 것, 그것만이 굳게 닫은 아이의 마음 문을 여는 마스터키다. 몸짓이든 옹알이든 의미가 담긴 말이든 아이가 자신의 의도와 욕구를 자유롭게 표현하기 위해서는 엄마와 아이 사이에 신뢰를 바탕으로 한 안정된 애착이 먼저 형성되어야 한다. 그것이 바로 '라포 형성'이다.

마더리즈(Motherese)는 어떤가요?

갓난아기들은 UFO를 타고 날아온 외계인 같다. 사랑스러운 눈 빛으로 말을 걸면 세상 심오한 표정으로 엄마를 쳐다본다.

'이게 무슨 소리지? 엄마 입이 움직이네. 저 동그란 곳에서 나오는 건가? 커졌다가 작아지네. 눈도 커지네. 뭐라는 거지?'

아마 이렇게 생각할지도 모른다. 아기로서는 마치 우리가 한 번도 가보지 못한 지구 어디쯤 뚝 떨어져 낯선 이들에게 둘러싸인 채 알아들을 수 없는 말을 듣는 것과 같지 않을까 싶다.

엄마가 아이에게 사용하는 말투를 '마더리즈(Motherese)'라고 한다. 엄마 '마더(mother)'와 언어를 의미하는 접미사 '-ese'의

합성어로, 부모라는 뜻의 '페어런트(parent)'와 접미사 '-ese'를 합쳐 '페어런티즈(Parentese)'라고도 한다. 좀 더 구체적으로는 엄마가 아이와 함께하는 시간 동안 가까이에서 마주보며 과장되거나 익살스러운 표정으로 온갖 몸짓을 하고, 목소리에 리듬을 싣고, 짧은 문장으로, 정확한 발음으로, 여러 번 반복해 건네는 말이 마더리즈다. 아이는 그 말을 통해 엄마의 사랑을 듬뿍 느끼며, 엄마의 말을 이해하고, 엄마와 대화하기 위해 엄마의 말을 습득한다.

	육하원칙으로 본 마더리즈(Motherese)
누가	엄마가 아기에게 말해요
언제	엄마와 아기가 함께 있는 모든 시간에 말해요
어디서	아이의 얼굴 가까이에 대고 마주보면서 말해요
무엇을	풍부한 감정이 담긴 표정과 몸짓, 적당한 톤의 음성, 리듬감 있고 생기 넘치는 목소리로 말해요
어떻게	리듬을 실어 짧은 문장을 또박또박 반복적으로 이야기하고 모음을 길게 늘여 말해요
왜	말로 엄마의 사랑을 느끼게 하고 이해시키며, 언어를 습득시키기 위해 말해요

엄마들이 말하는 스타일은 모두 제각각이다. 목소리와 말

투는 물론이며, 너무 빠르기도 하고, 한 문장에 많은 단어를 넣기도 한다. 또 경직되고 사무적인 투로 말하는 엄마도 있다.

문장에 단어를 많이 넣으면 아이로서는 이해하기 어렵다. 두세 단어 정도로 짧게 여러 번 반복하는 식으로 말해야 한다. 그러면서 모음을 길게 늘여 말의 속도를 늦춰야 한다. 만일, 말투가 경직되고 사무적이라면 겉으로 드러나는 비언어적인 태도를 바꿔야 하는데, 이런 엄마들은 대개 말할 때 표정이나 몸짓을 활용하지 않는다. 자신이 그렇다고 생각되면 거울을 보고 웃으면서 말할 때와 그렇지 않을 때 눈썹 모양이 어떻게 바뀌는지, 입 꼬리는 어떻게 변하는지 하는 표정 변화를 살피면서 웃는 연습을 해보자. 어색한데도 일부러 몸짓을 취할 필요까지는 없지만, 말하는 동안은 손이나 고개를 움직이는 등 부담스럽지 않은 선에서 조금씩 변화시키는 게 좋다.

내 기질은 내향성이다. 그래서인지 말하기보다 생각하기, 글로 표현하기를 더 선호한다. 게다가 목소리가 음계의 '솔' 톤보다 낮은 데다 성대가 약해 한 시간쯤 말하고 나면 목소리가 떨리기 시작하는 바람에 초짜 언어치료사 시절 어떤 때는 아이들 만나는 게 부담스러울 정도였다. 아이들과는 높고 명랑한 목소리로 말해야 한다는 선입견으로 내 목소리가 아닌 다른 톤의 목소리와 크기로 말하려 했기 때문이다. 물론, 어느 정도 경험이 축적된 뒤부터는 그 선입견에서 벗어났다.

아이들이 가장 편안해하는 '마더리즈'는 사랑이 가득 담긴 생기 있는 엄마의 말투다. 억지로 짓는 과장된 행동은 쉽게 지칠 뿐만 아니라 내용에도 집중하기 어렵다. 나는 규하와 대화하면서 한 번도 지나치게 목소리를 끌어올리거나 억지가 담긴 과장된 몸짓으로 다가가지 않았다. 낼 수 있는 가장 편안한 소리와 자연스러운 표정으로 눈을 마주치면서 상황에 맞는 말을 주고받았다.

아이와의 대화에서 엄마가 건네는 말들이 편안하고 즐겁지 않다면 뒤에 나오는 아이의 언어를 발달시키기 위한 방법들은 실천하기 어렵다. 말을 가르치는 일은 일회성이 아닌, 일상의 한 부분으로 녹아들어야 하는 장기전이기 때문이다.

아이의 신호에
응답하고 있나요?

코로나로 일주일째 바깥 구경을 하지 못한 날 저녁 일곱 시, 남편이 어김없이 현관문을 열자 규하는 늘 그랬던 것처럼 아빠에게 달려갔다. 저녁을 먹고 난 후 아이는 아빠와 놀이를 시작했다. 둘이 방과 거실을 두루 돌아다니며 온갖 놀이로 에너지를 쏟는 동안 설거지를 마친 나는 작은 방에서 밀린 일들을 처리했다.

여느 날과 별반 다르지 않은 평화로운 일상을 보낸 후 잠자리에 들어 규하가 좋아하는 자동차 책을 읽어줄 때였다. 갑자기 '편지'를 가져다 달라고 했다. 무슨 편지를 말하는지도 모른 채 일단 방을 나온 나는 거실에서 한참을 서성이며 아이가 말한 '편지'라는 의미의 종이를 유추해냈다. 고사리 같은 손으로

펜을 움켜쥔 채 엄마 아빠 글자를 흉내 내 쓴, 글자 같기도 하고 그림 같기도 한 문자(?)가 적힌 바로 그 종이였다.

규하는 내가 겨우 찾아간 그 종이를 한동안 쳐다보더니 빈 곳을 채워달라고 했다. 나는 내 눈썰미와 손재주를 모두 동원해 아이가 끄적인 상형문자들을 똑같이 모방해 종이에 적어 넣었다. 그런데 한참 들여다보던 규하가 자기가 쓴 것들과 다르다며 갑자기 눈물을 뚝뚝 흘리기 시작했다. 전혀 예상치 못한 일이었다.

'똑같은데 뭐가 다르다는 거지?'

나오는 한숨을 속으로 삭인 나는 있는 재주 없는 재주 다 부려가며 몇 번이나 똑같이 그린다고 그렸으나 규하는 여전히 울음을 그치지 않았다. 어떤 말을 해도 내 목소리는 스쳐 지나갈 뿐, 아니라고 소리치다 못해 고개가 뒤로 넘어가더니 눈까지 점점 풀려갔다.

아이가 질러대는 비명 같은 울음을 온몸으로 받아내면서 동굴 같은 깊은 두려움 속으로 빠져들었다. 30분을 지나 한 시간을 넘어 정신줄을 놓는 게 아이인지 나인지 분간이 되지 않을 즈음이 돼서야 규하는 울음을 멈추고 잠이 들었다. 눈물범벅, 콧물 범벅인 아이의 얼굴을 보면서 자괴감과 죄책감에 휩싸였다. 쉽게 잠이 오지 않았다.

'도대체 왜 운 걸까?'

한참을 생각하다 문득 깨달았다.

'아, 더 어릴 때는 지금과는 비교가 안 될 정도로 많이 울었지. 평화로운 날들의 간격이 지금보다 훨씬 짧았어.'

좀 편해졌다고 그새 까맣게 잊고 있었다. 그랬다. 규하는 유독 많이 울었다. 사실, 지금도 왜 그렇게 울었는지 정확한 이유는 잘 모른다. 그나마 경험을 통해 알게 된 거라면 암담한 그 시간이 지나고 아침 해가 떠오르면 규하가 천사 같은 모습으로 다시 되돌아온다는 것뿐!

아이의 울음은 이처럼 엄마 마음에 좌절감, 죄책감, 슬픔 등 복잡다단한 감정을 불러일으킨다. 나는 규하의 울음이 무엇을 의미하는지 가만히 되짚어 보았다. 정확히 알 수는 없지만, 순한 양 같은 아이를 순식간에 표변케 하는 울음의 정체 또한 넓은 의미에서 보면 자신을 표현하는 '의사소통'의 수단 중 하나라는 것만은 분명했다. 나에게 잔소리를 할 정도로 말이 견고해지고 언변이 화려해진 지금도 규하의 울음은 같은 의미다. 쌓인 감정을 해소하기 위한 출구일 수도, 스트레스로 인한 발작적 반응일 수도 있다. 그리고 그게 뭐든 엄마에게 대항하는 나름대로의 의사표현인 것이다.

'말'이라고 하면 우리는 흔히 탄탄한 구조를 갖춘 문장을 떠올리곤 한다. 하지만 '말'의 의미는 훨씬 더 방대하다. 울음, 웃음, 눈짓, 손짓, 발짓 또한 넓은 의미에서 '말'이기 때문이다.

엄마는 내 아이가 또래보다 말이 느리다고 생각되면 불안하다. 한 달 두 달 시간이 지날수록 더 애가 탄다. 자신의 의사를 말로 전달하지 못하는 아이는 욕구를 해소하기 위해 울음으로 대변하는데, 엄마는 아이가 맨날 징징대면서 떼만 쓴다고 생각한다. 단지, 그 '말'이 엄마가 생각하는 '말'이 아닐 뿐, 엄마를 괴롭히기 위해 그러는 게 아니라 자신의 모든 수단을 동원해 끊임없이 자신만의 '언어'를 건네는 중인데 그걸 몰라준다.

누군가가 내 말에 귀를 기울여줄 때, 내 마음을 알아줄 때, 내 존재를 인정받았을 때의 느낌을 기억할 것이다. 누군가에게 인정받는다는 것은 그토록 가슴 벅찬 일이다. 아이도 마찬가지다. 유아라고 해서 그런 욕구가 없는 게 아니다. 아이의 행동을 이해할 수는 없어도 '지금 네가 뭔가를 스스로 표현하려 한다는 걸 엄마도 알고 있다'는 걸 진심으로 인정하고 반응해야 한다. 그리고 그것은 엄마가 원하는 방식으로 아이의 표현방법이 바뀌기 전까지 계속되어야 한다. 어떤 식이든, 어떤 형태로든 응답해야 아이가 보내는 유일한 신호가 끊어지지 않는다. 아이의 말하기는 그런 다음에야 시작된다.

2장
· · ·
아이들의 말을
알고 계신가요?

말을 하려면
세 가지 기초가 다져져야 합니다

사람은 태어나 만 2세까지 엄청난 변화를 겪는다. 몸무게가 세 배 이상 늘어나고 키가 훌쩍 큰다. 목도 가누지 못해 눈동자만 데굴데굴 굴리며 누워 있다가 어느새 뛰다시피 동에 번쩍 서에 번쩍 왔다 갔다 한다. 또 빽빽 울기만 했는데 말로도 웬만큼 의사소통이 가능해진다. 애벌레가 나비로 탈바꿈하는 과정에 버금간다고 해도 틀리지 않는다.

이 같은 변화의 원인은 뇌에 있다. 인간은 뇌 속에 약 2천억 개나 되는 뉴런을 가지고 태어나며, 그 뉴런을 연결하는 시냅스의 수는 무려 30조 개가 넘는다. 하지만 그 정도의 시냅스로는 겨우 먹고 자는 수준의 일상생활 정도만 가능할 뿐, 말로 의사를 표현하려면 그 수의 20배가 필요하다. 그리고 이 시냅스는 다양한 언어 자극을 겪으며 자주 사용하는 말 위주로 재편되면서 관련 시냅스들을 강화시킨다. 이를 가지치기 단계라고 하는데, 이 단계를 거친 다음에야 재잘재잘 생각을 말로 표현하는 능력이 생긴다. 지속적으로 '엄마의 말'을 듣는 동안 아이 뇌 속 언어와 관련된 시냅스들이 서로 연결하기를 반복하면서 얻는 결과물이 '말'인 것이다.

말을 하기까지는 이처럼 눈에는 보이지 않으나 도달해야 할 숲이 수없이 많은데, 그중 대표적인 세 가지가 신체발달의 숲, 인지발달의 숲, 정서발달의 숲이다.

신체발달의 숲

신체발달에는 뇌의 발달과 운동발달이 있다.

뇌의 무게는 출생 시점에 성인의 25% 정도에 지나지 않다가 만 2세쯤이면 성인의 75% 정도가 된다. 기하급수적으로 늘어나는 뇌세포, 그에 따라 생성되는 뉴런, 뉴런과 뉴런을 연결하는 시냅스들이 무수히 생성되기 때문이다. 따라서 이 시기에 아이의 시각, 청각, 촉각, 미각, 후각 등 오감을 자극하면 시냅스의 형성을 도와 뇌의 발달을 촉진할 수 있다.

다른 하나인 운동발달의 첫 번째 단계는 뒤집기다. 운동발달의 정도를 판단하는 데 지표로 삼는 뒤집기는 손가락을 움직이는 등의 소근육 발달과 기고 서고 걷는 데도 영향을 미치기 때문이다. 또 입안에서 혀를 굴리거나 내밀기도 하고, 입술을 사용해 투레질을 반복하기도 하며, 입을 열어 소리를 내면서 말하기와 연관된 구강기관의 감각들을 훈련시킨다.

말을 관장하는 세밀하고 복잡한 근육들은 이렇듯 뇌의 발달과 운동발달을 이루면서 준비된다.

인지발달의 숲

말하기는 앞서 이야기한 신체의 발달만으로는 가능하지 않다. 인지발달이 동시에 이루어져야 하는데, 언어와 관련된 인지발달의 요소는 6개로, 숲을 이루는 나무에 비유하면 다음과 같다.

첫 번째 나무는 '인과관계의 이해'다.

엄마는 아이가 울면 우유를 먹이기도 하고 달래기도 한다. 웃으면 따라 웃는다. 아이는 이런 일상의 경험을 통해 사물의 특성을 배울 뿐만 아니라 행동에 따른 결과, 즉 인과관계를 알게 되는데, 이는 추후 문제해결능력이나 예측능력, 자신의 행동이 타인에게 미치는 영향을 이해하는 기초가 된다.

두 번째 나무는 '범주적 지각능력'이다.

예를 들면, /b/와 /p/ 같은 음소 사이의 경계, 즉 비읍(ㅂ)과 피읖(ㅍ)이 서로 다름을 알고 구분할 줄 아는 능력을 말한다. 이렇게 소리를 인식하고, 모국어의 소리 패턴을 학습하며, 단어의 의미를 구체화하고 나야 비로소 '첫 단어'를 말할 수 있다.

세 번째 나무는 '음운인식능력'이다.

'살'과 '쌀'이라면 첫소리인 /ㅅ/과 /ㅆ/, '손'과 '산'이라면 모음 /ㅗ/와 /ㅏ/처럼 같은 소리로 시작되는 단어와 다른 소리로 시작되는 음소를 식별하는 능력 및 단어를 구성하는 음소를 세거나 합성 또는 분절하면서 조작할 수 있는 능력을 말한다. 이 능력은 학령기 초기의 문장 이해력과 읽기 성취도를 예측하는 요소 중 하나다.

네 번째 나무는 '공동 주의하기 능력'이다.

아이는 크면서 엄마한테만 집중했던 시선을 확장해 주변 사물이나 다른 사람에게 흥미를 갖기 시작한다. 강아지를 보고 엄마가 '멍멍이'라고 말하면 엄마와 아이 모두 동시에 하나의 사물에 초점을 맞추고 주의를 기울이는데, 이것이 바로 '공동 주의하기 능력'이다. 타인과 공동으로 하나의 대상에 집중하는 이 능력은 곧 말하기 단계로 발전하는 밑거름이 된다.

다섯 번째 나무는 '대상 영속성 개념의 이해'다.

생후 4개월 이전 아이들은 눈앞에 엄마가 안 보이면 울어버린다. 눈에 안 보이는 대상은 없어졌다고 생각한다. 하지만 4~8개월에는 반쯤 가려진 장난감을 찾아내고, 돌이 지나면 눈에 안 보여도 존재한다는 걸 안다. 이것이 바로 대상 영속성이라는 개념의 이해로 눈에 보이지 않는 '말' 습득능력의 기초가 된다.

여섯 번째 나무는 인지발달에 가장 중요한 요소인 '모방하기 능력'으로 비언어적인 것과 언어적인 것으로 나눈다.

비언어적인 것에는 '베이비 사인'과 '몸짓' 같은 게 있다. 손을 흔들며 인사하거나, 두 손을 모으며 달라고 하는 등 원하는 뭔가를 몸을 이용해 표현하는 행동들 모두가 여기에 해당한다. 전화기를 귀에 대고 옹알이를 하거나 행주로 식탁을 닦는 등 엄마를 따라 하는 행동도 마찬가지다. 이는 자신의 메시지를 전달하려는 상징행동으로 처음에는 단순한 행동 모방에 지나지 않다가 점차 다양한 상징놀이로 발달한다. 이런 사인이나 몸짓, 상징행동이 일찍, 다양하게 나타날수록 말의 발달이 빠르고 잘할 가능성이 크다.

또 다른 한 축인 언어적인 것으로는 '따라 말하기'가 있다. 이는 청각기억능력과 관계가 깊다. 아이들은 앵무새처럼 따라 하면서 말을 기억한 후 비슷한 상황에서 그 말을 떠올려 다시 사용하는 식으로 말을 배우는데, 청각기억능력이 좋으면 따라 말하는 말의 길이도 길어진다.

정서발달의 숲

아이의 정서발달에 가장 큰 영향을 미치는 건 엄마와의 '애착 형성'이다. 엄마와의 관계가 친밀하고 안정적이면 엄마가 언제나 옆에 있다고 생각해 열정적으로 외부 세계를 탐색하며 정서가 건강하게 발달한다. 반면, 관계가 불안하면 외부 세계 탐색을 기피하며 다른 장애가 없음에도 언어발달이 늦어질 때가 많다.

엄마와의 안정적인 애착은 아이가 보내는 신호에 엄마가 즉각적이고 일관적으로 반응할 때, 그런 경험이 일회성이 아니라 몇 달, 몇 년을 거칠 때 형성된다. 엄마가 아이에게 일관적이고 적극적이며 지속적으로 긍정적인 반응을 보여준다면 당장은 불안정하더라도 다시 안정적인 애착을 형성할 수 있다.

무너지지 않는 튼튼한 집을 지으려면 땅속 깊이 기둥을 세우고 기반 공사를 탄탄히 해야 한다. '말의 집'도 마찬가지다. 어느 날 갑자기 머릿속에 떠올라 내뱉는 게 아니다. 말을 하기 위해 아이들은 내면에 나무를 하나하나 심으면서 열심히 기초를 다진다. 복잡다단한 과정을 거치며 무수한 시행착오를 겪고 난 후에 스스로 만들어내는 완성작이 바로 '말'이다. 엄마가 아이들 내면에 절대로 흔들리지 않는 뿌리 깊은 '말의 집'을 지어주려면 말뿐만 아니라 함께 어우러져야 할 다양한 요소들의 성취를 위해 노력해야 한다.

아이들의 첫 번째 말 세계는
이해언어입니다

세상을 살아가는 데 있어 말하기는 아주 중요하다. 말을 잘하는 것은 삶에 큰 도움이 되는 유용한 무기를 장착하고 사는 것과도 같다. 그래서 사람들의 부러움을 산다. 하지만 누구나 부러워할 만큼 말을 잘하기는 쉽지 않다. 그것은 단순히 말하기만이 아니라 듣기, 이해하기 등에서 탁월한 능력을 발휘해야만 가능한 일이다.

　말을 잘하려면 먼저 타인의 말을 듣고 이해할 수 있어야 한다. 즉, 이해언어 능력을 갖춰야 한다는 뜻이다. 그리고 말을 따라 하면서 자신의 언어를 꾸준히 성장시켜야 한다. 그런데 타인의 말을 듣고도 이해하지 못한다면 어떻게 될까? 언제 어떤 상황에서 어떤 말을 해야 할지 모른다. 말을 할 수가 없다는 뜻이다. 그럼에도 말하기 전에는 잘 알 수 없어서인지 우리는 '말을 듣고 이해하는 능력'을 소홀히 한다.

그렇다면 이해언어 능력이란 구체적으로 뭘까? 말에서 특정 음소를 구분하는 능력, 억양과 강세를 변별하는 능력, 단어와 의미를 연결하는 능력, 문장 내의 문법형태소나 구문을 이해하는 능력 모두를 말하는데, 단계별로 나누면 다음과 같다.

단계	능력
1단계 0~10개월	말소리 및 억양 강세 등 변별 능력 엄마의 말을 들으면서 점차 모국어에 대한 소리와 억양, 강세 같은 초분절적인 특성을 구분할 수 있게 되는 시기이다. 자음과 모음 등의 음소 변별이 가능해지며, 이는 단어를 습득하는 데 기초 능력으로 작용한다. 또 음의 높이를 구분함으로써 억양도 학습할 수 있다.
2단계 10~30개월	어휘와 의미를 연결하는 능력 이 시기 아이들은 친숙한 낱말은 물론이고 간단한 문장을 듣고 지시 따르기를 수행하며 낱말의 뜻도 이해한다. '엄마', '아빠'처럼 사람을 지칭하는 명사나 '물', '자동차' 등 사물의 이름을 먼저 이해하고, 다음으로 '줘', '먹어'처럼 경험을 통해 친숙해진 특정 동사들을 빠르게 이해해 나간다. 두 돌 전후가 되면 두 가지 이상의 복잡한 지시 따르기 같은 복문들도 이해할 수 있게 된다.

눈에 안 보이는 이 이해언어 능력이 아이에게서 잘 자라고 있는지는 어떻게 알 수 있을까? 두 가지 방법이 있다. 첫째는 아이가 알고 있는 단어(이해어휘)들이 얼마나 되는지를 체크해 보는 것이고, 둘째는 지시 따르기 수행 능력을 확인하는 것이다.

아이에게는 말하기 전에 이해어휘를 쌓는 침묵의 시기가 존재한다. 말은 못하지만 특정 단어를 듣고 맥락에 맞는 일관된 반응을 보인다면 그 단어는 아이가 '이해하고 있는 어휘'라고 보아도 무방하다. 이 같은 이해어휘들이 차곡차곡 충분히 쌓여야 하나둘씩 입 밖으로 나올 수 있다. 한 개나 두 개 정도 단어를 말하려면 쌓아놓은 이해어휘의 수가 10개 혹은 50개 또는 그 이상일 수도 있다는 말이다. 따라서 아이가 말이 늦다면 '지금 하는 말'만이 아니라 '현재 이해하고 있는 단어들은 무엇인지, 이해어휘들은 얼마나 많이 쌓여 있는지'에 주목해야 한다.

또 '컵 주세요'처럼 한 가지 지시만 수행하는지, '방에 가서 수건 가지고 와'처럼 두 가지 지시도 따르는지를 보면 이해언어 능력의 정도를 알 수 있다. 상대가 하는 말 속 명사와 동사를 이해해야 지시 따르기가 수행 가능하기 때문이다.

말이 늦은 아이를 데리고 상담하러 오는 엄마들을 보면 대다수가 '이해어휘'에 대해 모른다. 그러면서 마치 어느 순간 느닷없이 찾아오는 행운처럼 갑자기 아이의 입이 터지기를 기대한다. 말을 하기까지 거쳐야만 하는 수많은 과정은 생각지 않는다. 물론, 이는 엄마들의 잘못은 아니다. 말은 시간이 지난다고 해서 누구나 할 수 있는 게 아니라는 걸 모르니 그럴 수밖에 없다.

말할 수 있는 단어가 똑같이 하나도 없는 아이들이라고 해서 이해하는 언어의 수준까지 다 같은 건 아니다. 어떤 아이는 단어마다 의미가 있다는 사실을 알아차린 단계일 수 있고, 다른 아이는 엄마의 말에서 자음과 모음을 구별하는 단계일 수도 있다. 따라서 앞서도 말했지만, 엄마 말을 무조건 따라 말하도록 강요하는 방식으로는 아이의 언어 발달을 도울 수 없다. 계단 오르듯 때에 맞는 단계를 거쳐 한 칸 한 칸 오를 수 있도록 디딤돌을 놓아주어야 한다.

규하도 이해어휘를 쌓는 '침묵의 시기'가 있었다. 그런데 그걸 잘 아는 나조차도 막상 아이를 키우다 보니 불안하고 초조했다.

'지금 내가 하는 말들이 정말로 규하의 내면에 차곡차곡 쌓이고 있는 걸까?'

밑 빠진 독에 물을 붓는 것만 같은 그 시간이 너무 길게 느껴졌고, 실제로도 길어지자 의심까지 들 정도였다. 여느 아이들처럼 반응이 크고 소리라도 자주 지르는 아이였다면 좀 덜했을지도 모른다. 자기를 좀처럼 드러내지 않고 관찰하기를 좋아하는 규하는 내가 한껏 들떠 말을 걸 때도 그냥 나를 유심히 쳐다보는 게 전부라 더 걱정이 되었다. 그 '침묵'의 메시지는 나를 고민에 빠뜨리기 충분했다. 수다스러운 규하의 모습을 미리 알았다면 그 시기를 느긋하게 즐겼을 수도 있었겠지만(지금은 아이가 그때 왜 그런 행동을 했는지를 이해할 수 있다) 그때는 아니었다. 불안한 내 마음에 가려져 아이가 보내는 작은 신호들을 잘 알아채지 못했다.

불안한 엄마의 마음은 이처럼 아이들의 무한한 능력을 깨우지 못하는 실수를 빚어내기도 한다. 밑 빠진 독에 물 붓는 행위 같아도 의심하지 말고 계속 말의 물을 부어야 한다. 설사 금이 간 독이라도 새어나가는 물보다 더 많은 양의 물을 쏟아붓겠다는 각오로 말을 쏟아부어야 한다.

아이들의 두 번째 말 세계는 표현언어입니다

표현언어란 울음으로 시작한 옹알이, 첫 단어 출현, 어휘 폭발기, 문장 만들기 등을 말하며 4단계로 나눌 수 있다.

1단계(0~10개월) 음성발달

아이가 발음기관을 움직여 터트리는 첫 번째 소리는 울음이다. 신생아는 울음으로 끊임없이 자신의 욕구를 표현한다. 그러다 목 안쪽을 울려 소리를 내거나 모음과 비슷한 소리를 내는데, 이게 바로 옹알이(babbling)다. 아이들은 옹알이와 같은 다양한 발성놀이를 즐기며, 자신의 소리를 듣고 발음기관을 탐험한다. 옹알이는 울음부터 첫 단어 사이의 약 1년여 동안 자신의 발음기관 조절능력을 갖추는 행위로 언어 습득에 있어 가장 중요한 시기라고 할 수 있다.

말소리를 내려면 몇 개의 발성단계를 거쳐야 한다. 먼저 다양한 자극에 반사적으로 울거나 숨쉬기, 빨기, 트림 또는 재채기 같은 소리를 내면서 성대를 진동시킨다. 그리고 발성기관을 통과한 공기가 발음기관들을 두루 거치면서 다양한 소리를 낼 수 있도록 만든다. 태어나 한두 달이 지나면 아이들은 그렇게 목을 울리는 소리를 내면서 기분을 표현하기도 하는데, 긴 모음처럼 들리는 이 소리가 바로 옹알이를 준비하는 과정이다. 아이들은 이 같은 발성놀이를 점점 늘려가면서 하나의 모음에서 다양한 모음들을 조합한 발성놀이로 발전시킨다.

그러다 생후 6개월 정도에는 우리가 알고 있는 음절, 즉 자음과 모음이 복잡하게 섞인 다채로운 옹알이가 나오는데, 이때 자주 듣는 말에 따라 특정 자음과 모음 발음이 달라진다. 즉, 늘 같이 있으면서 듣는 엄마의 말로 옹알이를 발달시킨다는 뜻이다. 그리고 엄마가 그 소리를 똑같이 말해 줄 때 인정받았다고 느낀다. 옹알이는 아이가 자기 존재를 확인하는 수단이자 첫 번째 말인 것이다.

8개월 정도에는 옹알이가 음절(모음 앞뒤에 한 개 이상의 자음이 결합한 말)과 가까운 소리로 변화하는데, '비읍(ㅂ), 쌍비읍(ㅃ),

피읖(ㅍ)' 같은 입술소리, '미음(ㅁ), 니은(ㄴ)' 같은 콧소리, '디귿(ㄷ), 쌍디귿(ㄸ), 티읕(ㅌ)' 같은 잇몸소리 등이 모음과 섞여 반복되면서 음절을 이루고 첫 단어 출현을 준비한다.

2단계(10~16개월) 첫 단어 출현

아이들은 빠르면 생후 10개월, 늦으면 16개월 즈음에 첫 단어를 말한다. 이때의 '첫 단어'란 의미가 담긴 형태로 일관되게 하는 말을 의미한다. 우리는 생후 10개월 훨씬 전이라도 아이가 '엄마'라는 말을 하면 그걸 첫 단어라고 생각한다. 그런데 만약 엄마에게도 아빠에게도 '엄마'라고 하거나 장난감을 보면서도 '엄마'라고 한다면 단어가 아닌 입술소리를 연습하는 옹알이일 뿐이다. 오로지 엄마에게만, 환경이나 상황이 바뀌어도 자기 엄마에게만 '엄마'라고 해야 진정한 '첫 단어'라고 할 수 있다.

아이들은 '첫 단어'를 말하기 이전에 '안녕', '주세요' 등에 해당하는 관습적인 제스처를 사용한다. 그러고 나서 단어와 비슷한 원시어(proto-words)를 말한다. 그러므로 관습적인 제스처가 다양하게 나오고 단어와 비슷한 원시어를 자주 쓴다면 곧 첫 단어를 말하리라는 예측이 가능한데, 자주 접했던 익숙한 단어 또는 선호하는 것이 첫 단어가 될 확률이 높다.

이 같은 첫 단어 출현시기에 아이가 보이는 대표적인 특징

중 하나로 '과잉 일반화(overextension)'가 있다. 다리가 4개인 동물을 모두 '강아지'라고 한다든지, 탈 것을 보면 전부 '차'라고 하는 등 자신이 배운 단어를 과하게 적용해 사용하는 현상인데, 이는 정상적인 언어발달의 과정이므로 고치겠다고 지적하거나 반복해 알려줄 필요가 없다.

3단계(16~24개월) 어휘 폭발기

첫 단어 출현 후 단어 습득은 개인차가 있으나 초기에는 일주일에 한 개 정도로 매우 느리다. 게다가 이전 단어들을 잊기도 하고, 종종 헷갈리기도 하는 등 계속해 쌓이지도 않는다. 그러다 16~24개월쯤 되면 갑자기 빠르게 단어를 습득하기 시작하는데, 이를 '어휘 폭발기(vocabulary burst)'라고 한다.

한 연구(Bloom, 1993)에서는 어휘 폭발기를 일주일에 적어도 세 단어 이상을 습득하는 시기로, 평균 생후 18개월 정도가 되면 50개의 단어를 사용할 수 있게 된다고 했다. 또 대규모로 진행된 어떤 연구에서는 17개월까지는 50%, 24개월까지는 90% 정도가 어휘 폭발기를 경험한다고 한다. 아이들 대부분이 24개월 전에 어휘 폭발기를 겪는다는 얘기다.

4단계(20개월 이후) 구문 전환기

20개월 전후가 되면 표현 가능한 단어가 최소 50여 개가 되며, 서서히 자신이 알고 있는 단어들을 연결해 말하기 초기 형태의 문장을 만들기 시작한다. 한 단어를 넘어 두 단어 이상을 조합하게 되지만, 어순이 불규칙해 문법에는 맞지 않는 문장을 말한다. 그러다 점차 초기 문장에 사용한 단어들을 중심으로 문장을 구성하고 확장하며, 어순 전략이나 빠른 이름 대기(fast mapping) 전략 등의 '어휘 습득 전략'을 활용해 빠른 속도로 언어를 발달시켜 나간다.

아이들이 처음 어휘를 배울 때 보다 신속하고 명확하게 습득하도록 하는 어휘 습득 전략으로는 어순 전략과 빠른 이름 대기 전략을 주로 사용한다. 어순 전략이란 하나의 문장을 이해하는 전략으로, 문장에서 첫 번째로 언급되는 단어는 주어로, 그 다음에 언급되는 단어는 목적어로 받아들이는 것을 말한다. 빠른 이름 대기 전략은 두 개의 사물을 앞에 놓고 자기가 알고 있는 이름이 아닌 처음 듣는 이름을 듣게 되면 그것이 의미하는 바는 두 개의 사물 중 자신이 모르는 사물의 이름이라고 생각하게 만드는 것이다.

아이들은 1년에 걸친 긴 시간 동안 이해언어 능력이 쌓이고 나면 돌을 전후해 의미가 담긴 단어 한두 개를 말한다. 그러다 두 돌을 전후해 단어들을 조합하는데, 바로 이때가 언어가 구조화되는 시점이다. 그러고 나서 본격적으로 엄마가 사용하는 언어 규칙들을 적용해 길고 복잡한 문장을 말한다. 즉, 엄마가 사용하는 다양한 말에서 규칙(생득적 지식)을 발견하고, 그 규칙인 '보편적 문법'을 통해 문법을 습득하고 말하게 된다.

결국, 이 모든 과정에서 가장 중요한 것은 '부모가 아이에게 지속적으로 건네는 말'이다. 아이들은 이해언어 능력을 쌓을 때나 본격적으로 말을 하며 표현언어 능력을 발달시킬 때에도 부모에게 들었던 말들 위주로 쓴다. '머릿속 어휘사전(lexicon)'에 부모가 자주 말하는 단어, 문장 형태, 구성 성분들 모두를 차곡차곡 담아놓기 때문이다.

우리는 아이 양육에 있어 흔히 '양보다 질'이라고 생각한다. 그러나 말은 조금 다르다. 자기가 보고 듣고 느낀 양만큼 배운다. 언어 교육에서는 그만큼이나 양도 중요하다.

울음, 웃음, 몸짓도
말이랍니다

아이들은 태어나면서부터 본능적으로 타인과 의사소통을 하려 한다. 2~3개월이 채 안 된 아이들도 감정을 느끼지 못하는 상태에서 울거나 웃는데, 엄마로 하여금 아파서 울거나 기뻐서 웃는다고 생각하게 만든다. 그러다 4~7개월이 되면 자기 행동이 타인에게 영향을 미칠 수 있음을 알고 울음이나 옹알이로 욕구를 표현하는데, 그럼으로써 타인의 감정을 건드려 자신에게 다가오게 하거나 관심을 보이도록 한다.

호기심을 자극하는 물건을 갖고 싶을 때나 어떤 놀이를 할 때도 마찬가지다. 원하는 걸 얻기 위해 10~12개월 사이에는 손가락으로 뭔가를 가리키거나 고개를 좌우로 흔들며 부정 표현

을 하는데, 한림대 언어청각학부 배소영 교수는 생후 1년 동안
의 의사소통 발달 정도를 다음과 같이 시기별로 나눴다.

개월	의사소통의 발달 정도
2~3	• 사람을 보고 미소 짓는다. • 가끔 소리 나게 웃는다. • 입안 뒤쪽에서 소리가 난다.
4~7	• 소리내기를 좋아한다. • 모음과 비슷한 소리를 낸다. • 입 안쪽 소리를 여러 모음과 함께 낸다. • 음절 구분이 있는 소리를 낸다. • 어른의 특정한 말에 반응하고 좋아한다. 　(예 : 까꿍, 쪼막쪼막 등)
8~11	• 운율 변화가 있는 소리를 낸다. • 음절성 발음이 많다. 　(예 : 바다, 바다다, 빠빠빠, 맘마, 어마, 어버) • 자기 소리를 어른이 내면 가끔 모방도 한다. • 손가락 가리키기에 '어, 어'를 동반한다. • 특정 단어에 대한 이해가 많이 생긴다. 　(예 : 빠이빠이, 시계, 곤지곤지, 엄마, 할머니 등)
12~13	• 이해하는 단어가 많아진다. • 상황과 연결해 일관되게 표현하는 단어가 생긴다. • 무언가를 요구하며 '엄마', 싫다고 고개 흔들며 '아니', 　배고플 때 식탁을 가리키며 '맘마' 등의 표현을 한다.

이처럼 아이들은 엄마의 관심을 끌기 위해서든 배고픔을 해결하기 위해서든 욕구를 해결하고자 본능적으로 여러 가지 의사소통 기능을 사용한다. 말하기 이전에는 울음이나 웃음 등 몸짓으로, 말하기 시작한 후에는 상대방의 반응을 가장 빠르고 정확하게 끌어낼 수 있는 단어로 그 욕구를 표현한다. 그리고 10~18개월이 되면 아이들은 중요한 의사소통 기능들을 다양하게 사용하기 시작한다.

10~18개월 사이에 나타나는 의사소통 기능 및 행위	
기능	행위
도구 기능 Instrumental function	물질적 필요나 욕구를 채우기 위한 의사소통 행위로 가장 쉽게 배우고 많이 사용하는 '주세요'와 같은 표현이다.
조정 기능 Regulatory function	타인이나 환경을 조절하거나 통제하기 위한 의사소통 행위로 '해라'처럼 지시하거나 자신이 원하는 행동을 요구하는 기능이다.
상호작용 기능 Interactional function	타인과 교류하거나 상호작용하기 위한 의사소통 행위로 인사를 하거나 공통된 관심사나 활동에 끌어들이기 위한 기능을 말한다. 의사소통의 개념에서 중요한 '주고받기(turn taking)' 기능이라고도 할 수 있다.
개인적 기능 Personal function	존재를 알리고자 나타내는 의사소통 기능으로 자신의 감정, 태도, 흥미 등을 표현하는 기능이다.

발견 기능 heuristic function	환경을 탐구하고 정리하려는 의사소통 행위로 '왜 그런가요?'처럼 부족한 정보를 요청하는 기능을 뜻한다.
가상적 기능 Imaginative function	가상의 상황을 만드는 의사소통 행위로 '먹는 척해요'처럼 가상적인 상황을 요구하는 기능이다.

*할리데이(Halliday, 1975)

하지만 말이 느린 아이들은 말의 다양한 의사소통 기능을 활용하지 못하고 '요구하기'나 상황을 해결하는 '도구' 또는 '조정'의 기능으로만 활용하며, 그로 인해 언어발달이 더욱 늦어지는 악순환의 고리에 빠져든다. 그런데도 우리는 단순히 '말'만을 생각하고 말하기에 문제를 보일 때가 돼서야 걱정하기 시작한다. 또 말이 늦게 터지는 걸 고치겠다며 아이에게 따라 말하기를 강요하는 잘못을 저지른다.

그러므로 우리는 말하기 이전의 울음, 웃음을 포함한 몸짓에 아이가 얼마나 다양한 의사를 담아 표현하는지 알아야 한다. 그리고 각각의 상황에 맞게 적절한 행동들, 즉 손을 흔들면서 '빠이빠이'라고 말하거나, 두 손을 모아 내밀면서 '줘' 또는 '주세요'라고 말하는 등 몸짓과 단어를 연결해 표현해 주어야 한다. 그래야 아이가 추후 다양한 방식으로 의사소통을 할 수 있으며, 위 표에 나온 다양한 기능들을 말 속에 담아낼 수 있다.

'가짜 엄마'와 '진짜 엄마' 그리고 '후루루따 후따까'가 뭘까요?

아이가 태어나 '엄마'라는 말을 하려면 입술, 입천장, 목젖, 혀, 성대 등 발음기관을 부지런히 발달시키고, 모국어인 엄마 말소리를 음소별로 나눌 줄 알아야 한다. 또 목울림 같은 발성놀이를 통해 자신의 발음기관을 탐색하며 혀를 움직이고 조절하는 방법, 목구멍을 울리는 방법, 투레질(입술을 떨며 투루루 소리를 내는 짓)을 하며 입술소리를 내는 방법 등을 익혀야 하고, 옹알옹알 소리를 내는 '옹알이' 단계도 거쳐야 한다.

우리 아이가 언제쯤 말을 할까 궁금하다면 아이가 옹알이를 할 때 그 안에 모음과 자음이 얼마나 다양하게 섞여 있는지를 파악해야 한다. 단순한 모음만 들어 있다면 시간이 좀 더 필요하며, 다양한 자음과 모음이 뒤섞인 옹알이라면 얼마 지나지 않아 단어 비슷한 말소리(원시어)를 낼 가능성이 크다. 모음인 '아'는 입을 벌려 공기를 입 밖으로 뱉어내는 단순한 발성이지만, 자음과 모음이 섞인 '바'는 입술을 붙였다 떼면서 공기의 압력을 입안에 모았다가 한 번에 입 밖으로 터트리는, 순간적이고도 정교한 움직임에 의해 나오기 때문이다.

그렇다고 해서 아이가 금방 진짜 첫 단어를 말한다는 건 아니다. 언어 이전의 옹알이는 의미가 담기지 않은, 단순히 발성기관을 움직일 때 나는 소리일 뿐이다. 진짜 단어는 소리에 의미가 덧입혀져야 한다. 그러기 위해서는 충분한 이해언어들이 축적되어야 하며, 의미가 담겨 있지 않더라도 끊임없이 옹알이를 터트리는 시기를 지나야 한다.

아이들은 보통 자기를 낳고 길러주는, 세상에 하나뿐인 존재라는 의미가 담긴 '엄마'라는 단어를 말하기까지 약 1년 정도가 걸린다. 물론, 돌 훨씬 전에 '엄마'라고 말하는 아이도 있다. 그렇다면 이 아이는 자기 엄마를 보고 '엄마'라고 부른 걸까? 아니다. 엄마라면 누구나 듣고 싶어 안달하는 '엄마'라는 말은 입술을 한 번만 붙였다 떨어뜨리며 공기를 내뱉는 단순한 동작만으로도 낼 수 있다. 의미 없는 옹알이로도 빈번하게 들을 수 있다는 뜻이다. 옹알이의 '엄마'를 듣고 '우리 애가 벌써 나를 보고 엄마라고 불렀다'며 감격하지만, 아쉽게도 그 말은 진짜 '엄마'를 부르는 소리가 아닌, 단순한 옹알이일 때가 더 많다.

　말에 의미를 담아내기까지 아이들에게는 이처럼 다양한 단어들을 차곡차곡 쌓아나가며 이해하는 시간이 필요하다. 이때 꼭 기억해야 할 게 바로 '신체 나이'와 '언어 나이'다. 둘은 비슷해 보여도 완전히 다르다. '신체 나이'는 아이가 태어난 때부터 지금까지 살아온 생물학적 시간이고, '언어 나이'는 현재 아이가 말할 수 있는 언어능력이 어느 정도인지를 보여준다. 돌이 지났는데도 '엄마'라는 첫 단어를 말하지 않을 때 '언어 나이'는 12개월이라는 '신체 나이'와는 다르다는 얘기다.

　발성놀이를 할 때 아이의 '언어 나이'를 4개월 정도로 추정한다. 그 후 언어 자극을 적절히 받으며 충분하고도 다양한 옹알이 시기를 반 년 정도 보내고 나면 의미가 담긴 '엄마'라는 첫 단어를 말하리라 예측한다. 하지만 말이 늦은 아이들은 어떤 이유로든 이런 여러 과정 중 한 곳 또는 여러 곳에서 앞으로 나아가지 못하고 있을 가능성이 크다. 아이 혼자서는 그 길에서 빠져나올 수 없다. 엄마는 아이에게 그 어둠 속에서 벗어나는 길을 안내하는 길잡이가 되어야 한다. 지금 우리 아이가 나를 부르는 '엄마'라는 말은 가짜 엄마일까, 진짜 엄마일까?

도깨비 말, 후루루따 후따까

아이를 옆에서 지켜본 엄마라면 자기가 알고 있는 소리를 뒤죽박죽 섞어 놓은 듯한, 어딘가 익숙하지만 도통 의미를 알 수 없는 말을 들어보았을 것이다. 흡사 옛날얘기에 나오는 도깨비들의 말과 어딘지 모르게 닮은 말 말이다.

만 2~3세 아이들에게서 보이는 이 도깨비 말은 자음과 모음을 쪼개거나 길게 나열해 붙이는 등 말소리를 자유자재로 가지고 노는 '음운 인식 놀이'의 하나다. 말소리를 이곳저곳에 붙였다 뗐다 하는, 창의적이면서도 나름 고급 스킬이 필요한 이 놀이를 하면서 아이들은 말에 모음과 자음이 있음을 알게 된다.

이런 도깨비 말은 아이들의 '말소리 세계'를 엿볼 수 있는 귀중한 시간이다. 간혹 도깨비 말을 듣고 이상한 말을 한다며 물어오는 엄마들도 있으나 때가 되면 자연스럽게 사라지므로 걱정할 필요 없다. 아이가 도깨비 말을 하며 좋아한다면 한글의 기본인 자음과 모음을 학습하기 위한 준비를 하는 중임을 알고 방해하지 말아야 한다. 아니, 반대로 아이의 도깨비 말에 참여해 가족만이 알고 있는 암호 놀이로 발전시키는 방법도 좋다.

옹알이가 단순 모음 발성에서 점차 자음과 모음이 섞인 복합 옹알이로 발전하는 것처럼 도깨비 말에도 발달 순서가 있다. 자음과 모음들을 마구 뒤섞어 의미 없이 중얼거리다가, 말하려는 단어를 입 밖으로 내뱉기 전 나름의 규칙을 정해 첫소리를 똑같이 맞추면서 바꿔 말하고, 다음에는 받침을 넣었다 뺐다 하면서 다양한 소리를 교차시킨다. 아이는 그렇게 머릿속에 들어 있는 자음과 모음에 대한 음운체계를 자신만의 규칙들을 적용해 이리저리 굴리며 가지고 논다.

음운발달에 꼭 필요한 이 과정을 알고 아이를 보면 정말 재미있는데, 아이들은 이처럼 만 2세를 전후해 단어를 갖고 놀면서 같은 소리로 시작하거나, 끝나는 소리를 인식하거나, 이해하기 시작한다. 이를 음운인식능력이라고 하는데, 이 능력을 보면 아이들의 읽기능력이 예측 가능하다는 연구(뤼티넨 외, 2001) 결과가 있다. 물론, 어휘능력 또한 아이들의 읽기능력과 높은 상관관계를 가진다. 다만, 어휘능력은 초등학교 단계의 언어능력 예측 요인으로써 읽기의 초기 단계를 예측하는 음운인식능력과는 시기가 다르다.

규하도 두 돌을 전후해 도깨비 말을 시작하더니 지금은 나에게 그 어디서도 듣도 보도 못한 현란한 도깨비 말들을 선물한다.

"후루루따후따까?"

"호로로따호따까!"

머릿속에서 단어 퍼즐을 맞추는 아이들

아이들은 알아들을 수 없는 도깨비 말을 하다가 우리가 아는 음절로 말하고, 그것들을 합해 단어로 표현하는 게 가능해지면 퍼즐 맞추듯 단어들을 나란히 배열해 문장을 만든다. 점차 구조화된 언어를 사용하게 되는 것인데, 그 가늠자가 바로 '문법형태소'와 '의문사'의 발달이다.

첫 단어 출현 후 주로 명사만 말하던 아이들은 두 돌을 전후해 동사와 대명사를 사용한다. 그리고 만 2~3세를 기점으로 두 단어를 나열한 단순한 문장을 넘어 셋 또는 네 개의 단어가 조합된 문장을 쓰기 시작한다. '~은, ~는, ~이, ~가, ~랑' 같은 조사와 다양한 어미 등 문법형태소를 넣고, 과거와 미래 시제 및 부정어인 '안 돼', '아니야' 등도 말한다. 그런 과정을 거치며 단어와 단어 사이의 관계들을 이해하고 의미를 연결한다. 물론, 그렇더라도 문법에는 오류가 나타나는데, 이는 정상 발달과정 중 하나로 자연스럽게 고쳐진다. 그러다 만 3~4세가 되면 전보다 훨씬 정교하고 세련된 문법형태소가 들어간 말을 한다. 네 단어 이상의 길고 복잡한 문장으로 자신의 감정을 표현하기도 하고, '왜냐하면' 같은 접속사를 문장 안에 넣기도 하며, 과거와 현재 및 미래 시제를 어느 정도 구분하면서 문장이 더 정확해진다. 게다가 발음도 명료해진다.

만 2~3세 때는 '누가', '왜', '얼마나' 등 의문사가 담긴 질문을 이해하고 간단한 대답도 한다. 그리고 '무엇', '누가'와 같은 의문사와 한두 개의 단어가 조합된 단순한 문장 형태의 질문도 할 수 있게 된다. 그 후 만 3~4세가 되면 '어떻게'를 뺀 모든 의문사를 사용하는데, 말이 빠른 아이들은 만 2세를 전후로 자신이 모르는 단어의 뜻을 알기 위해 '○○이 뭐야?'라며 단어에 담긴 의미를 묻기도 한다. 그리고 호기심이 왕성한 아이일수록 지적 호기심 자극과 사고 확장에 중요한 '왜'라는 의문사를 빨리, 많이 쓴다.

의문사도 각각 쓰는 시기가 다르다. 시각적 정보를 바탕으로 한 '누가', '어디서', '무엇' 같은 의문사가 먼저 나오고, 추상적이면서 추론 능력 등 사고의 개념이 필요한 '언제', '어떻게', '왜' 같은 의문사는 늦게 나온다. 물론, 그 순서가 모든 아이에게 똑같이 적용되는 건 아니며 아이들에 따라 다를 수 있다. 다만, 보통은 '무엇', '누가'를 먼저 사용하며, 추상의 의미가 강한 '어떻게'는 만 5~6세가 돼야 제대로 쓴다.

한 단어로만 표현하다 단어들을 붙여 긴 문장으로 말하려는 이 시기의 아이들에게서는 일시적으로 말을 더듬는 현상이 나타날 수도 있다. 이는 심리적인 부담 및 복잡한 형태의 문장 사용을 위한 발음기관의 훈련과정 같은 다양한 원인에 의해 발생하는데, 정상 발달과정으로 만 4~5세가 되면 말 더듬는 현상이 사라지면서 안정적으로 언어를 구사한다.

그러나 만 4세가 훌쩍 넘었는데도 이미 했어야 할 말을 하지 못하거나 말 더듬는 현상이 심해진다면 치료가 필요할 수도 있다. 또 만 3세가 넘었는데도 여전히 단순 조합 형태의 문장만 말한다든지 '은, 는, 이, 가'처럼 쉬운 조사와 같은 문법형태소들만 쓴다면 주의해 지켜보아야 한다.

말은 듣는 만큼
배운답니다

아이들은 듣지 않는 것 같으면서도 듣고, 보지 않는 것 같으면서도 엄마의 일거수일투족을 지켜보며 엄마의 일상을 흡수한다. 언어도 마찬가지다. 아이는 엄마의 말과 자기를 둘러싼 다른 사람들의 대화를 들으며 언어를 배운다. 생후 3년 동안 스펀지에 물 스며들듯 온몸으로 언어를 빨아들인다.

아이들과 대화할 때 나는 언어를 끌어내기 위해 다양한 질문을 활용한다. 직업병인지 내 말에는 그런 습관이 배어 있다. 그런데 두 돌이 되기까지 나는 규하에게 대답을 요구하는 '의문사 질문'을 잘 하지 않았다. 규하를 대할 때조차 상담을 받으러

온 아이들에게 하는 말투로 질문을 쏟아부으려는 나를 발견하고는 의도적으로 그런 습관에서 벗어나려 애썼다. 또 언어치료사의 아이는 다른 아이들보다 말을 더 잘하지 않을까 하는 주변 기대 때문에 아이를 힘들게 하고 싶지 않았다. 규하에게는 언어치료사가 아닌 엄마로 다가가고 싶었다.

말을 시작하는 아이에게 엄마들은 보통 '이게 뭐야?'라며 사물의 이름을 제일 많이 묻는다. 명쾌한 대답을 끌어내는 가장 쉽고 단순한 질문이다. 아이도 사물의 이름을 알고 있다면 부담 없이 대답하며, 말을 배울 때 제일 먼저 하는 질문이기도 하다. 하지만 나는 수많은 아이에게 제일 편하게 사용했던 그 질문을 규하에게는 하지 않으려 노력했다. 그래서였는지 규하도 '이게 뭐야?'라는 질문을 하지 않았다. 대신 "엄마, 이거!"라고 말하며 쳐다보았다. '무엇' 외에도 '누구야?', '어디야?'라는 질문도 거의 들을 수 없었다.

당시 규하와 개월 수가 비슷한 아이를 키우는 친구와 종종 같이 시간을 보낼 때였다. 그런데 어느 날부터인가 친구의 아이가 "엄마, 이게 뭐야?", "엄마, 뭐해?"라는 질문을 끊임없이 해대기 시작했다. 순간 '아, 뭔가 잘못됐구나.' 하는 생각이 들었다. 무엇이든 자연스러운 게 규하에게도 나에게도 좋은 것인데 그렇지 못했다. 아무리 많은 아이를 만나고 경험했더라도 내 아이는 처음이었고, 알 수 없는 그 처음들이 나를 긴장 속으로 몰아넣었으며, 그로 인한 두려움이 스스로를 경직시켰다. 규하는 또래 아이들보다 어려운 단어도 많이 알고 수다스러우며 말이 빠른 편이었는데도 만으로 세 살이 다 되도록 엄마에게 사물에 대해 직접적인 질문을 하지 않았다.

그제야 나는 의도적으로 피했던 질문의 뚜껑을 열었다. 그리고 몇 달 후, 대화의 반 이상을 질문으로 하는 규하에게서 의문사의 전형적인 발달 순서와는 다른 특이한 현상이 나타났다. 규하가 제일 먼저 쓴 의문사와 가장 많이 쓰는 의문사가 '무엇'이나 '누가'가 아닌 '왜'였던 것이다. 아이들은 보통 의문사 중 '무엇(뭐야)'과 '누가'를 가장 먼저 말하며 '언제', '어떻게'를 써야 할 때도 모두 '뭐야'로 대신하는 의문사의 과잉 일반화 현상이 나타나는데 그렇지 않았다.

남편에게 물었다.

"왜 이런 현상이 나타나는 거지?"

"당신이 가장 많이 하는 말이 '왜'잖아."

당연하다는 듯 그가 대답했다.

사실, 규하에게는 하지 않았지만, 남편에게는 '왜'라는 질문을 자주 했고, 아이는 아빠 옆에서 '왜'라는 질문을 제일 많이 들었다. 그렇게 언어를 흡수한 결과 의문사 중 거의 마지막에 등장하는 '왜'를 제일 먼저 썼던 것이다.

　말은 이렇듯 능력을 잘 갖춘 아이라도 듣는 말이나 흡수되는 양에 따라 언어들이 달라진다. 엄마인 나를 통해 들었던 말과 그 양에 따라 의문사를 말하는 순서가 뒤죽박죽되어 버린 규하처럼 말이다.

　엄마들은 '어휘 폭발기' 아이들이 단어를 한두 번만 듣고도 바로 배우는 것을 보고는 몇 번만 말해 주면 금방 쉽게 말을 익힐 수 있다고 착각한다. 그렇지 않다. 그것은 '어휘 폭발기'에 나타나는 특별한 현상일 뿐이다.

　평생 쓰게 될 '말'을 습득하는 생후 3년까지의 시기에 얼마나 많은 양의 말을 듣는가에 따라, 또 얼마나 다양한 단어와 문장에 노출되는가에 따라 아이가 말을 습득하는 속도와 말의 격이 달라진다. 엄마가 쓰는 말, 들려주는 이야기가 그래서 중요하다. 엄마가 말에 더 정성을 들여야 하는 이유다.

끊임없이 반복하는
축복의 말을 아시나요?

네 살이 된 규하는 여전히 의문사 중 '왜'를 제일 많이 쓴다. '누가, 언제, 어디서, 무엇을, 어떻게, 왜'라는 여섯 개 의문사가 존재함에도 단 하나로 해결한다.

"왜?"

우리 가족이 사는 아파트는 30년 가까이 되었다. 벽지 뒤로 숨은 벽면은 금이 가 있고, 비틀어 내려앉은 화장실 문은 여닫을 때마다 문지방을 북북 긁는다. 불편하다. 그렇지만 유독 궁금증을 못 참는 아들의 엄마인 나에게 더 불편한 건 오작동으로 자주 울리는 화재경보기 소리다.

예민한 청각을 가진 규하는 시도 때도 없이 울려대는 그 소리에 발작하듯 경기를 했다. 말을 못 하는 시기, 모든 걸 울음으로만 표현하던 그때는 화재경보기 소리에 놀라 울면 안고 달래면서 진정시키기만 하면 되었다. 그런데 조잘조잘 나름 자신의 논리를 펼치기 시작하니 여간 힘든 게 아니다.

"왜 화재경보기가 울리는 거야?"

"아빠가 경비실에 전화했는데, 복도에서 누가 담배를 피웠대. 그 연기를 화재경보기가 불인 줄 알고 울린 거래."

"왜 담배를 피웠는데 화재경보기가 불인 줄 알았대?"

"화재경보기는 연기가 나면 불이라고 생각하게 만들어졌거든. 그래서 울린 거지."

"왜 연기를 불이라고 생각하게 만들었대?"

"불이 나면 연기가 나잖아. 연기를 불이라고 생각해야 경보기가 울리고 사람들이 대피할 수 있거든."

"왜 불이 안 났는데 화재경보기를 울리게 한 거야?"

태어난 지 3년밖에 안 된 아이에게 이른 새벽 자신을 깨운 느닷없는 화재경보기 소리가 왜 울렸는지 이해시키는 일은 우는 아이 달래기보다 훨씬 힘들고 어렵다. 규하는 '왜?'라는 질문을 수십 번은 되풀이한 뒤에야 다시 잠을 잔다. 이해해서가 아니라 그냥 지쳐 잠이 들었을 뿐이다.

우리는 아이의 질문을 어른의 시선에서 바라보고 익숙한 결론들로 대답하곤 한다. 하지만 아이들은 그 대답에 만족을 못 하고 똑같은 질문을 계속 반복한다. 엄마의 열성적이고 논리적인 대답이 아이의 논리에는 맞지 않기 때문이다. 아이를 이해시키지 못했다는 뜻이다.

지겨우리만큼 '왜?'라는 질문을 하는 아이를 키워 본 엄마들은 어른들의 이야기가 아이들에겐 통하지 않는다는 사실을 안다. 영원히 끝나지 않을 듯한 아이의 '왜?'라는 질문 멈추기는 아이와 눈높이를 맞춰야만 가능하다. 궁금증을 해소시킬 유일한 방법이다.

어느 날 아침, 규하가 눈을 뜨자마자 지난밤 봤던 달이 보이지 않는다며 물었다.

"엄마, 달님이 왜 없어졌어?"

어떤 육아 책에서 비슷한 질문에 대답을 본 기억이 났다.

"응, 달님은 아침이 되면 보이지 않아. 대신 해님이 뜨지."

"왜?"

"음…… 달님은 어제 규하가 코 잘 때 일하느라 피곤해서 지금 코 자고 있대. 규하도 열심히 놀고 나서 피곤하면 코 자잖아. 자고 일어나면 힘이 생겨 다시 열심히 놀고…… 그치? 지금 보이지 않는 달님은 저 위에서 따뜻한 구름을 덮고 코 자는 거야. 한숨 푹 자고 일어나 힘이 생기면 밤에 규하 만나러 다시 나온대."

달이 보이지 않는 이유를 과학에 근거해 열성적으로 대답한들 그것으로 자신의 궁금증을 해소할 수 있는 아이들이 얼마나 될까? 아직 언어가 미숙한 아이들과 대화할 때는 항상 아이의 인지능력과 공감능력을 고려해야 한다. 아무리 과학에 근거한 완벽한 대답이라 할지라도 아이 수준에서 이해되지 않는다면 흥미를 잃고 만다. 오히려 창의적이고 엉뚱한 대답이 아이의 궁금증을 해소시킬 수도 있다.

아이와 소통한다는 말은 아이 눈높이에 맞추기 위해 무릎 꿇고 아이와 마주하는 것을 의미한다. 엄마가 말이 터지지 않은 아이에게 대화를 시도할 때도, 막 입이 열린 아이와 조잘조잘 대화할 때도 항상 '아이의 눈높이'에 맞춰야 한다.

'내가 지금 쓰는 이 단어가 아이에게 적절한가? 더 쉬운 표현은 없을까? 지금 이 말이 아이의 관점에서 이해될 수 있을까?'

엄마인 우리는 언제나 아이의 언어 수준과 인지능력을 고려해 아이에게 말을 건네야 한다. 아이와 눈높이를 나란히 할 때 엄마는 비로소 아이의 세상에 입장할 수 있다. 아직 어린 내

아이에게는 '아이만의 언어'가 존재한다는 사실을 꼭 기억해야
한다.

'왜?'는 축복입니다

우리는 모든 대화를 '왜?'로 해결하는 아이들을 종종 본다.
다른 단어들에 비해 '왜?'를 월등히 많이 쓴다. 엄마는 '왜?'라는
질문을 많이 하는 게 좋다는 걸 알지만 대답하기는 괴롭다. 어
쩌면 우리 아이가 '왜'라는 질문을 지나치게 많이 하는 건 아닐
까 싶어 가끔 걱정도 된다.

앞에서도 말한 것처럼 규하도 그렇다. 호기심이 워낙 많은
데다 관찰형 아이인지라 '왜?'라는 질문을 지나치게 많이 쓴다.
이해하려 애를 써보지만 가끔 고개가 저절로 절레절레 흔들리
기도 한다. 그럴 때면 고쳐줘야 할지, 좀 더 지켜보면서 받아줘
야 할지 고민이 된다.

어느 날, 규하가 아빠 없는 틈을 타 기계치인 내가 할 수 없
는 뭔가를 해달라고 졸랐다.

"규하야, 컴퓨터나 전자기기 같은 것들은 엄마가 고치기 힘
들어. 미안하지만 이따 아빠가 오면 해달라고 하자."

엄마가 해줄 수 없는 일이라고 하자 규하가 곧바로 물었다.

"왜 엄마는 못해?"

"응, 엄마는 그런 거 고치는 일을 한 번도 안 해봤어. 그래서 잘 몰라."

"왜?"

"엄마도 고치려고 배워보긴 했는데, 그래도 못하겠더라고. 너무 어렵고 이해가 안 돼."

"왜?"

"……."

왜라는 질문을 수십 번 받아낸 나는 규하의 눈을 마주보며 목소리에 짜증을 한껏 담아 말했다.

"규하야, 엄마도 잘하는 게 있고, 못하는 게 있어!"

내 말을 듣고 골똘히 생각하던 규하가 다시 물었다.

"왜?"

의문사를 활용해 질문하려면 먼저 의문사가 가진 개념을 이해해야 한다. 의문사 이해능력은 보통 만 2~3세부터 활발해지며, 4~6세 사이에는 육하원칙에 해당하는 의문사를 대부분 이해한다. 이때 '무엇(24개월)→누구(30개월)→어디, 왜(48개월), 언제(48개월 이후)→어떻게(60개월)'의 순으로 발달한다는 게 한 연구(이정미 & 권도하, 2005)로 밝혀졌다. 즉, '왜?'라는 질문은 '무엇, 누구, 어디, 어떻게'라는 의문사를 모두 인지하고 이해한 후 나온다는 이야기다. 게다가 상황추론능력 및 원인과 결과의 관계까지도 이해할 수 있어야 '왜?'라는 질문이 가능한 것이다. '왜?'는 이처럼 머릿속에서 복잡한 작업을 거쳐야만 나올 수 있다.

어느 때부터인가 밑도 끝도 없이 쏟아지는 질문 '왜?'는 아이의 언어발달과 성장에 있어 마중물이자 축복이다. 아이 내면에 담긴 언어의 샘물을 길어올리며, 아이의 지적 호기심을 자극하고, 욕구를 채우는 마법 같은 질문이다. 아이에게서 '왜?'라는 질문이 폭발할 때 '왜?'라는 질문의 특성을 이해한다면 힘겨운 그 시기를 조금은 더 참고 버텨낼 수 있지 않을까?

규하는 '왜?'라는 질문을 시작하면 욕구를 채우고 나서야 질문을 멈췄다. 그러다 이젠 좀 컸다고 자기 생각에 납득할 만한 대답을 해주면 고개를 끄덕이며 넘어가는데, 요즘에는 또 다른 단어 하나가 규하의 입가를 맴돈다. 바로 '그래도'이다. '왜?'를 넘기니 소리소문없이 '그래도'가 와버렸다. 네 살이 되면서부터 이전보다 규하의 행동과 말을 제재해야 하는 상황이 많아졌는데, 그럴 때마다 '그래도'로 내 말을 받아친다. '그래도'를 하루에 족히 백 번은 듣다 보니 어느새 내 입에도 '그래도'가 달렸다.

'그래도' 역시 '왜?'처럼 아주 강력한 짜증을 불러일으키는 힘을 지녔다. 상대의 말을 뛰어넘어 모든 상황을 단숨에 뒤집을 수 있는 단어들이 있다는 사실을 아이를 키우며 절실히 깨닫는다. 아이들은 누가 가르친 것도 아닌데 이런 비상한 묘책들을 어떻게 그렇게 발견해 내는지 참 신기하다.

엄마와 아이의 말 사이에는 장벽이 있답니다

학령기 아이와 함께하는 언어치료 활동 중에는 '장벽 게임'이 있다. 아이와 치료사가 화자(말하는 사람)와 청자(듣는 사람)로 나 뉘어 벽처럼 가림막을 사이에 두고 마주앉아 화자가 말하는 참 조물(물건, 장소, 생각, 의견 등)에 대한 이야기만 듣고 그에 맞는 그 림 카드를 골라내는 활동이다.

예를 들면, 안경 또는 모자를 쓴 얼굴이 그려진 카드 6~7장 두 벌을 화자와 청자에게 하나씩 나눠주고 각자의 장벽 앞에 놓 는다. 안경을 쓴 그림이라면 그 안경은 별, 네모, 원, 세모 모양 등으로, 같은 모양의 모자를 쓰고 있다면 빨강, 노랑, 파랑, 초록 등의 색깔로 구분할 수 있는 카드다.

이 활동은 치료사와 아이가 번갈아 가며 화자와 청자의 두 역할을 모두 해야 한다. 화자일 때는 자기가 말하는 카드를 상대가 골라낼 수 있도록 구체적이고 정확하게 설명하고, 청자일 때는 화자의 말 하나하나에 집중해야 맞출 수 있다.

화자가 '참조물'의 특징과 속성을 청자에게 말로 설명하려면 지시하기, 설명하기, 기술하기 등의 능력을 발휘해야 한다. 또 청자가 자신에게 주목할 수 있도록 관심을 유도해야 하며, 잘 이해하지 못할 때는 설명을 바꿀 줄도 알아야 한다. 반면, 청자는 화자가 말하는 정보를 이해하고 있다는 걸 알려주어야(Feedback) 한다. 청자의 의사소통 능력은 화자의 말을 듣고 참조물을 얼마나 정확하게 이해하고 받아들이는지를 보면 알 수 있으므로 엄마는 이때 아이의 여러 능력을 눈여겨보아야 한다.

특정한 '참조물'에 대해 다른 사람과 정보를 공유하는 이 같은 행위를 '참조적 의사소통'이라고 하는데, 일상적인 대화에서보다 더 높은 단계의 정보처리능력이 필요한 이 기술은 대개 열 살 즈음에야 비로소 완성된다.

앞서 언어의 발달은 일반적으로 표현언어보다 이해언어가 선행된다고 했다. 하지만 참조적 의사소통 능력은 다르다. 청자의 기술보다 화자의 기술이 먼저 발달한다. 영유아 시기의 아이들에게는 의사소통이 상호 의존적인, 상대의 말에 귀 기울이고 반응해야 한다는 인식이 없기 때문이다. 게다가 일곱 살 이전의 아이들은 화자의 메시지가 모호해 청자가 참조물을 이해 못 하는 상황임에도 그 잘못을 청자에게 돌리려는 경향이 강하다. 따라서 청자의 역할을 수행하려면 훈련이 필요하다.

그렇다면 일상 속 대화에서는 누가 화자가 되고 청자가 될까? 대체로 엄마가 화자, 아이가 청자가 된다. 물론, 그 역할이 늘 고정된 것은 아니다. 아이가 영유아 시기를 벗어나 말이 트이고 문장으로 자기 생각을 표현하기 시작하면서부터는 반대로 바뀌기도 한다. 따라서 엄마는 열 살 이전 아이라면 참조적 의사소통 능력의 발달 선상에 있음을 염두에 두고 질문하거나 대화해야 한다.

규하가 조잘조잘 말하기 이전에는 주로 내가 화자의 역할을 했다. 나에겐 구체적이면서도 쉬운 상황 묘사가 자연스러운 일상이었기에 그때까지의 역할 수행에는 별 어려움이 없었다. 하지만 규하가 말이 점점 늘고 서서히 자기 의견을 피력하면서 그동안 익숙해진 나와 아이의 역할이 바뀌기 시작하자 고난이 시작되었다.

나는 매일 규하가 내는 수수께끼와 스무고개에 에너지를 남김없이 소모해야만 했다. 이제 갓 세 돌을 넘긴 아이가 엄마를 배려해 의견을 말하거나 상황을 묘사할 수는 없다. 그러니 엄마가 못 알아들으면 엄청 답답해했다. 또 어떤 때는 울먹이다가 집이 떠나가라 울기도 했는데, 맥락과는 상관없이 문득문득 떠오르는 자신의 경험 중 인상 깊었거나 재미있던 이야기를 나에게 툭 건넬 때면 늘 그런 일이 벌어졌다.

"엄마, 왜 그걸 가져갔대?"

"응? 뭘 가져가?"

"아니, 그걸 가져갔다고 그랬잖아."

"…… 누가 뭘 가져갔는데? 엄마가? 아니면 아빠가?"

"아니이~. 그거, 어제 그거 가져갔다고 그랬잖아!!!!"

전에는 "아, 그걸 가져갔대? 왜 가져갔을까? 엄마는 잘 모르겠네"라고 하면 대충 넘어갔는데, 눈치가 빤해진 다음부터는 표정만 보고도 '지금 엄마는 자기가 무슨 말을 하는지 모른다'는 사실을 곧바로 알아차린다. 이럴 때는 울더라도 모른다고 사실대로 말하는 게 낫다. 상황을 모면하려 아는 것처럼 거짓말을 하다가는 끝없는 답답함의 굴레에 빠져 마침내 서로의 마음에 상처를 입히고 만다.

나는 규하가 답답해하며 울 때마다 무릎에 앉히고 말했다.

"규하야, 규하 머릿속에 있는 걸 엄마가 모두 알 수는 없어. 규하 생각이나 마음을 엄마한테 하나씩 하나씩 말해 줘야 엄마가 알 수 있어. 엄마는 지금 규하가 말하는 게 뭔지 잘 모르겠어. 그래서 엄마도 알고 싶어. 규하가 더 이야기해 줄 수 있어?"

그러고 나면 조금 진정된다. 그리고 그때부터 규하와 나의 수수께끼 혹은 스무고개 놀이가 다시 시작된다.

"규하가 아까 말한 그거, 이름이 뭔지 알아?"

"아니, 몰라."

"그럼, 누가 가져간 거야? 엄마가?"

"아니, 어떤 아저씨가……."

"어떤 아저씨가? 그럼 언제 가져간 거야?"

"어제, 어떤 아저씨가 가져갔다고 방송에서 그랬잖아."

그제야 나는 규하가 어젯밤 아파트 관리실에서 내보낸 방송 이야기를 한다는 사실을 알게 된다. 어젯밤 들었던 아파트 방송을 갑작스럽게 머릿속에 떠올린 규하는 그것에 대해 말을 건넸고, 엄마인 나도 그때 함께 있었으므로 무슨 말인지 당연히 알고 있으리라 생각한 것이다.

규하의 예는 참조적 의사소통 능력이 발달하는 시기의 아이에게서 흔히 볼 수 있는 현상 중 하나다. 그렇지만 어른인 우리도 아이에게, 또 아이처럼 다른 사람에게 이런 실수를 종종 저지른다. 내 머릿속에 그리고 있는 일들이 아이의 생각과 일치하지 않을 수 있음을 이해하려 하지 않는다. 안타까운 일이다.

아이와 대화할 때는 엄마의 질문이 참조물을 알기 쉽게 구체적으로 말하고 있는지 돌아보아야 한다. 또 아이의 언어능력을 고려해 짧은 문장으로 질문하려다가 참고해야 할 배경지식이나 정보를 너무 많이 생략한 건 아닌지, 아이의 반응을 주의 깊게 보지 않고 대화를 이어가지는 않았는지 살펴야 한다.

엄마가 알고 있는 것들을 아이는 모를 수 있다는 사실을 항상 전제해야 한다. 아이와 대화하거나 어떤 대답을 끌어내려 질문할 때는 특히 그렇다. 낯선 사람과 대화할 때 상대가 내 말을 제대로 이해했는지를 확인한 뒤 대화를 이어나가듯, 아이와의 대화에서도 나의 언어에 늘 신경 써야 한다. 그리고 아이의 반응에 더 크게 화답하려는 자세를 가져야 한다.

아이들은
좋은 말, 나쁜 말을 몰라요

아이는 엄마의 삶의 방식, 문화, 가치관 등을 받아들이고 학습한다. 언어도 예외가 아니다. 엄마의 언어 스타일, 어휘력 등을 흡수하고, 좋은 말이든 나쁜 말이든 엄마 말을 앵무새처럼 따라 하면서 배운다.

어느 날, 규하가 혼자 놀면서 '아이 씨'라고 말하는 걸 들었다. 그러더니 잊을 만하면 한 번씩 그 말을 내뱉었다. 처음에는 우연히 들었던 'ABC송'에서 유독 'AC'가 기억에 남아 그런 줄만 알았다. '아이 씨'라고만 한 게 아니라 앞뒤에 영어와 같은 다양한 음절들이 따라 나왔기 때문이다. 그런데 그 사용 빈도가 점점 더 많아져 갔다. 마음이 불편해지면서 조금씩 거슬리기 시작할 때, 순간 의문이 들었다.

'지금 이 말이 규하가 나쁜 감정을 실어서 하는 걸까?'

그렇지 않았다. 기분이 나빠 감정을 싣거나 화가 나서 내뱉는 말이 아니었다.

'그럼 나를 불편하게 만드는 이 말은 대체 왜 나오는 거지?'

궁금했으나 알 도리가 없었다. 점점 자주 내뱉는 규하의 '아이 씨'를 들으며 예민해질 뿐이었다.

그러던 어느 날, 거실에서 이리저리 움직이다 장난감 수납함 모서리에 발가락이 부딪혔고, 말초신경에서 느껴지는 참을 수 없는 통증에 내 입에서 외마디가 터져 나왔다.

"아이 씨!"

그랬다. 바로 나였다. 그전까지 내가 '아이 씨'라는 말을 자주 한다는 사실을 몰랐던 나는 그제야 아이는 엄마가 내뱉는 작은 속삭임까지도 흡수하면서 일상을 보낸다는 걸 체감했다. 옹알이처럼 아무 의미도 담기지 않은, 상투적으로 중얼거리듯 내뱉는 이 말을 어떻게 해야 할지 고민되었다.

규하를 붙들고 장난처럼 말을 걸었다.

"규하야, '아이 씨' 말고 '아이 참' 이렇게 말해 볼래."

"왜?"

"아이 씨 말고도 다른 말이 많잖아. 다르게 말하는 것도 좋은 것 같아."

"왜?"

"음, '아이 씨'라는 말을 들으면 기분이 안 좋아질 수 있거든."

'왜?'를 되뇌며 이해 안 되는 상황에서 벗어나고자 끊임없이 묻는 규하에게 영문도 모른 채 혼이 난다는 생각을 들게 하고 싶지 않았다. 다만, 아이가 내뱉는 언어에 어떤 의미가 담겨 있는지는 설명해 주고 싶어 짜증을 참고 열심히 대답했다.

아이들은 좋은 의미를 담은 예쁜 말이든 나쁜 의미가 담긴 흉한 말이든 엄마뿐만 아니라 삶 가운데 만난 사람들로부터 언어를 흡수한다. 영유아들 대부분은 말뜻도 모르면서 언뜻 들었던 비속어나 욕을 따라 말하거나 혼잣말로 중얼거리며 따라 한다. 그러다 자신과 가까운 사람이 일관된 상황에서 그 단어를 사용하는 것을 보고 언어에 담긴 감정을 알아챈다.

엄마는 아이가 나쁜 말을 쓸 때는 먼저 아이가 뜻을 알고 사용하는지 파악해야 한다. 만약, 아이가 말의 의미를 제대로 알고 사용하는 게 아니라면 혼내기보다는 그 안에 담긴 뜻을 먼저 알려주어야 한다. 엄마 아빠 혹은 가까운 사람들이 한 말들을 무심코 따라 해봤을 뿐인데, 욕하는 아이를 보며 당황한 나머지 무작정 혼을 내면 아이는 엄마가 자신의 존재를 부정한다고 생각하거나 새로운 단어를 말하는 데 소극적이 된다. 장난처럼 말놀이를 즐기던 아이라면 말이 더욱 움츠러들 수도 있다. 따라서 아이가 그 단어를 사용하는 순간 그 말에 어떤 의미가 담겨 있는지를 차분하고 조심스럽게 설명해 주어야 한다. 가능한 한 아이가 이해하기 쉬운 단어로! 사실, 가장 좋은 방법은 이같은 일이 벌어지기 전에 아이 입에서 듣고 싶지 않은 단어를 엄마 입에서 먼저 '삭제'해 버리는 것이다.

아이를 키우는 지금은 언어치료사로서 아이들을 치료할 때보다 내 언어를 좀 더 주의 깊게 살피게 된다. 그리고 당연하게 여겼던 언어에 대한 정의도 점점 더 넓어지고 있다. 커갈수록 점점 더 엄마의 미니미가 되어가는 규하는 어느새 내 말투로 아빠와 대화를 한다. 어떤 때는 내 말을 토씨 하나 틀리지 않은 채 아빠에게 쓸 때도 있다. 단어 하나하나에 더 신중해지는 이유다.

말은 경제적으로 특별히 물려줄 유산이 없는 나 같은 사람이 아이에게 남겨줄 수 있는 가장 소중한 자산 중 하나다. 그러므로 엄마는 자신의 말을 수없이 곱씹어 보아야 한다. 그런 노력이 쌓여야 아이 입에서 향기로운 말들이 쏟아져 나온다.

아이들의 말은
지금도 자라는 중입니다

영아에서 유아기로 접어들면서 아이들은 혼자 노는 시간이 늘어나는데, 이때 언어를 탐색하고 훈련하기 위해 끊임없이 중얼중얼 혼잣말을 늘어놓는다. 혼자 놀거나, 어떤 동작을 취하거나, 잠들기 전 뒹굴뒹굴하는 시간에도 중얼대며 '대치 연습'을 한다. '대치 연습'이란 완성된 구나 문장 안에서 단어 하나만을 바꿔가며 자기만의 상상의 나래를 펼치는 '언어 놀이'로, 혼잣말 혹은 독백 속 행동인 자기 안내(self-guidance)를 포함한다.

학령기 전 아이들은 제대로 된 의사소통을 한다고 볼 수 없다. 서로 주고받으며 말하고, 차례를 지켜가며 대화하더라도 주의 깊게 들어보면 서로 다른 이야기를 하고 있을 때가 많다. '의사소통'이라기보다는 각자의 '독백'에 더 가깝다. 스위스의 심리학자 피아제는 이를 '집단적 독백(collective monologue)'이라고 정의했다. 그는 학령기 전 아이는 다른 사람의 관점에 설 수 없고, 청자에게 영향을 미치지 못하며, 어떤 것을 말하고자 하는 의도가 없어 '진정한 대화'를 하기 어렵다고 주장한다.

그렇다면 상대와 원만하게 대화를 이어가기까지 아이들은 무엇을 배우고 익히며, 어떤 과정을 거칠까?

원만한 대화를 위한 5단계	
1단계	말에 반응하기 원만한 대화를 위해 아이들이 맨 처음 거치는 과정은 다른 사람의 말에 대한 '반응'이다. 어른이 아이에게 뭔가를 말하면 아이들은 말보다 행동으로 먼저 반응하는데, 대체로 상황에 적절히 들어맞는 반응처럼 보일 때가 많다. 이는 아이들이 실제 이해하고 있는 정도보다 더 많이 이해하고 있는 것처럼 보이게도 한다.
2단계	다양하게 반응하기 아이들은 점차 여러 상황에 맞게 다양한 반응들을 보인다. 행동보다 말로 더 많이 반응하며, 말에 따라 각각 다르게 반응한다. 또 두 살 이하의 아이들은 다른 형태의 질문보다 '무엇'과 '어디'라는 질문에 더 민감한 반응을 보인다.

3단계	**주제 개시하기** 원만한 대화 능력을 갖추기 전 아이들은 주제를 개시 (시작)하는 능력도 갖춘다. 대화의 내용이 되는 '주제' 는 대개 대화를 먼저 시도하는 사람이 결정한다. 포스터 (Foster, 1986)는 영아(1~24개월)와 엄마와의 대화를 통해 '주제 개시하기'의 발달적 변화를 연구했는데, 아이들 은 성장하면서 비언어적인 방식에서 언어적인 방식으로 더 많은 주제 개시에 성공하게 되고, 점차 자신에 관한 주제에서 주변 사물에 대한 주제로 변화한다는 점을 알 아냈다.
4단계	**잘못된 의사소통 수정하기** 의사소통 과정 중 의견이 상대에게 제대로 전달되지 못 하거나 상대의 의견을 제대로 이해하지 못했을 때 메시 지가 잘 전달되도록 수정, 반응하는 능력은 매우 중요하 다. 아이들은 말하기 이전에도 자신이 원하는 바를 엄마 가 이해하지 못하면 목적이 달성될 때까지 계속해서 신 호를 보내거나 수정한다. 마찬가지로 말을 하기 시작하 면 목표한 바를 달성코자 끊임없이 자신의 말을 반복하 거나 수정한다.
5단계	**대화 이어가기** 두 살 이후 아이들의 가장 큰 변화는 대화의 길이가 길 어진다는 점이다. 이는 엄마와 아이가 주고받는 언어의 양이 많아진다는 뜻이다. 이처럼 아이들은 오랜 시간 대 화를 이어가기 위해 대화의 내용을 기억하고, 현재 일어 나고 있는 상호작용에도 집중하며, 앞선 대화와 관련된 대답을 준비하는 능력도 갖춘다.

일상을 가득 채우는 대화에는 미묘한 순서뿐만 아니라 상대방 마음에 대한 공감 등 보이지 않지만 살펴야 할 여러 규칙이 존재한다. 그리고 언어의 발달과정을 차근차근 잘 학습해 온 아이는 한 단계 한 단계 업그레이드되며 이런 대화의 규칙들을 배워 나간다.

처음에는 상대의 말에 표정이나 행동으로만 반응하다가 점차 말로 자신의 순서를 채워 나가고, 그다음에는 대화의 내용에 따라 다르게 반응한다. 어른들이 주제를 말해야 대화가 가능하던 시기를 넘어 차츰 자신의 관심사를 먼저 주제로 삼는다. 그러다 상대가 자신의 말을 이해하지 못한다고 생각되면 수정하고 반복하면서 원하는 바를 얻어낸다. 그러고 나면 진짜 '핑퐁 대화'가 가능해진다.

이 같은 아이의 담화능력 발달과정에는 조력자인 엄마의 중요한 역할이 하나 더 있는데, 바로 '기다림'이다. 새로운 일에 익숙해지기까지 아이들은 수없이 많은 시행착오를 겪을 수밖에 없고, 그 실수들을 발판 삼아 한 걸음 한 걸음 내디딘다. 따라서 엄마는 아이들이 상대의 이야기를 주의 깊게 듣고 대답할 차례를 지켜 자기 생각을 온전하게 말하기까지 보채지 말고 기다리는 인내를 발휘해야 한다.

3장

우리 아이가 정말
말 늦은 아이인가요?

아이의 언어능력을
어떻게 판단하나요?

"우리 아이가 말이 늦은 건가요?"

불쑥불쑥 파고드는 불안에 엄마들이 묻는다. 안타깝게도 엄마의 직감은 거의 들어맞을 때가 많다. 하지만 정작 중요한 건 말이 늦다는 사실이 아니라 어느 정도 늦는지를 아는 일이다. 단순히 시기가 조금 늦을 뿐 이내 또래를 따라잡을 수 있는지, 아니면 치료를 받아야만 하는 정도인지 말이다. 말이 늦다는 걸 알았다면 무작정 말이 트이기를 기다려서는 안 된다. 그 순간부터 아이에게 실질적이고 구체적으로 도움을 줄 방법을 찾아야 한다.

아이의 언어 능력을 확인하는 세 가지 방법

아이의 언어 능력을 알려면 세 가지를 확인해야 한다.

첫째는 아이의 이해어휘를 확인하는 것이다. 돌 지난 아이가 일상의 여러 상황에서 엄마로부터 하나 또는 두 가지 이상의 지시사항을 들었을 때 적절히 수행한다면 충분한 이해어휘를 보유하고 있다고 볼 수 있다. 이때는 '○○을 가져올래?', '눈이 어디에 있지?'처럼 간단한 지시를 한 후 말만 듣고 수행하는지 확인해 아이가 이해하고 있는 단어들을 파악한다.

둘째는 표현 가능한 단어의 수를 적으면서 체크하는 일이다. 50개 전후라면 단어들을 조합하기 위한 준비 기간일 수 있으므로 두 단어 조합 수준의 짧은 문장으로 아이와 대화하는 게 좋다. 또 아이가 표현하지 못하는 새로운 단어는 여러 번 반복해서 들려주는 등 표현할 수 있는 단어를 계속 늘릴 수 있도록 다양한 방법으로 자극해 주어야 한다.

셋째는 두 돌을 전후해 두 단어 조합의 문장(명사+명사)이 나타나는지 확인하는 것이다. '엄마+까까'처럼 두 개의 명사를 붙여 사용한다는 건 문장 표현이 본격적으로 시작된다는 표시이기 때문이다. '이거 주세요' 같은 문장은 '이(지시대명사)+것(의존명사)+주(동사)+세요(종결어미)'가 합쳐진, 만 2세까지의 영아가 말하기에는 생각보다 길고 어려운 문장이다.

아이의 언어를 자극하는 세 가지 방법

아이의 언어 능력이 파악되었다면 그 수준에 맞는 언어자 극이 필요한데, 엄마가 집에서 할 수 있는 방법으로 세 가지가 있다.

하나는 아이 언어 수준에 맞는 그림책을 함께 보면서 의성 어, 의태어, 한두 단어 수준의 짧은 문장 등 다양한 단어들을 여 러 번 반복해 들려주는 것이다. 만약, 현재의 언어 능력이 만 1 세 수준이라면 문장 출현 준비를 위한 수용 및 표현어휘의 확 장이 필요하다. 따라서 그림책을 볼 때 글을 읽어주거나 일방적 으로 질문을 계속하기보다는 함께 그림을 보고 관련된 단어들 을 이야기하면서 두 단어를 합친 정도의 짧은 문장을 들려주는 게 좋다. 너무 길고 복잡한 문장은 아이에게 부담이 된다. 그리 고 책을 볼 때는 단 1분이라도 매일 책을 펴고 단어를 여러 번 들려주어야 '반복 효과'를 최대치로 끌어낼 수 있다. 며칠에 한 번씩 긴 시간 책을 읽어주는 것보다 짧게라도 매일 반복해 주는 것이 도움이 된다.

두 번째는 일상생활 중에 다양한 역할놀이를 자연스럽게 활용하면서 아이에게 말할 기회를 많이 주는 것이다. '완벽한 말'을 끄집어내려 하기 보다는 큰 틀(몸짓, 상징행동, 의성어 의태어, 말 등)에서 의사소통의 기회를 주는 방식으로 놀이를 하는 게 좋다. 꼭 말이 아니더라도 손짓이나 표정 혹은 옹알이 등으로 아이에게 대답할 기회를 주고, 대답하면 최대한 기쁘게 반응한다.

세 번째는 엄마가 아이의 현재 언어 수준을 구체적으로 알아야 적절한 언어 지도가 가능하므로 아이의 단어 리스트를 미리 파악하는 일이다. 말로는 표현 못하지만 '이해하고 있는' 단어와 말로 '표현 가능한' 단어를 정리해 아이의 단어 목록을 만든 후, 어느 정도의 지시 따르기가 수행 가능한지 확인하고 그에 맞는 문장으로 자극을 준다.

이렇게 6개월 이상 집중해 언어를 자극했음에도 아이의 말 능력이 또래와 1년 이상 차이가 나거나, 두 돌이 된 아이가 말할 수 있는 단어가 10개 미만에다 어휘 폭발기도 나타나지 않았거나, 세 돌이 지난 아이가 두 단어 조합의 단순한 문장만을 말하는 정도라면 전문가의 진단을 받아보아야 한다.

육아를 하다 보니 아이를 자라게 하는 건 엄마가 아니라 시간이며 엄마도 함께 자란다는 걸 알았다. 아이가 잠들기 전까지는 엄마가 아이를 보호해야 한다는 생각으로 하루를 버티다가도 안 자겠다며 징징대던 아이가 스르르 잠이 들고 나면 어느덧 아이에게 기대고 있는 나를 발견한다. 새근새근 아이의 숨소리에 위로를 받고, 따뜻한 체온을 느끼는 것만으로도 의지가 된다. 내 삶에 아이가 없던 때가 있었나 싶을 정도로 매 순간 어디에나 존재한다. 아이가 끓어오르는 흥을 못 참고 천방지축 뛰어다니다 발을 접질리거나 무릎이 깨지기라도 하면 엄마는 애간장이 녹는다. 하물며 또래보다 말이 늦은 아이를 둔 엄마의 마음은 감히 헤아릴 수가 없다.

엄마는 아이의 언어 능력을 정확히 파악하고 그때그때 수준에 맞게 적절히 대처해야 한다. 다친 건 시간이 흐르면 낫지만 말 늦음은 시간이 지난다고 해서 해결되는 게 아니며, 어떤 아이에게 그것은 기적에 가까운 일일 수도 있기 때문이다.

말이 왜
늦는 걸까요?

말이 늦은 아이와 상담을 온 엄마 중에는 이미 시기를 한참 놓친 분들이 종종 있다. 말 이외에 다른 발달에 문제가 없다면 집에서도 충분히 지도해 볼 수 있는데, 시기를 놓치고 나니 전문가의 도움이 필요해진 것이다. 치료가 필요한 아이도 마찬가지다. 진단과 치료 시기를 놓치면 상황은 더욱 심각해진다.

아이가 말이 늦는 데는 여러 가지 원인이 있다. 단순히 후천적 요인에 의한 것일 수도 있고, 언어발달을 방해하는 다른 요소들, 즉 청각과 구개열 등 신체적 요인이나 인지 저하 또는 자폐 스펙트럼 같은 발달장애로 인한 선천적 원인 때문일 수도 있다. 하지만 무엇이든 엄마로서는 알아차리기가 쉽지 않다.

선천적 요인 세 가지

선천적 요인으로 인한 말 늦음은 크게 세 가지로 나눌 수 있다. 청각장애, 지적장애, 자폐 스펙트럼이 그것이다.

청각장애의 경우, 통계로는 보통 1천 명당 1명 정도로 심각한 청력 상실을 가진 아이들이 태어난다고 한다. 또 생후 6개월 이전에 심각한 중이염을 반복적으로 앓으면 청력이 나빠지기도 한다. 듣기 능력은 말하기 능력의 기초다. 듣기 능력이 떨어지면 떨어지는 만큼 말을 하기가 어렵다. 따라서 조금이라도 이상하다고 생각되면 청력부터 검사해야 한다. 손상이 심각한 정도라도 인공 와우나 보청기 등으로 보완하고 나서 듣기와 말하기 훈련을 하면 말 능력을 충분히 향상시킬 수 있다.

지적장애는 지적 기능이 평균 이하의 의미 있는 수준 아래로 현저히 떨어지는 상태를 말한다. 지적장애가 있으면 언어발달에 어려움을 겪는 게 일반적인데, 다운증후군과 윌리엄스 증후군 등의 지적 장애를 동반한 다양한 증후군을 엄마가 판단하기는 쉽지 않다. 반드시 전문가의 진단을 받아야 한다.

자폐 스펙트럼의 경우에는 생후 30개월 이전에 언어와 의사소통에 있어 심각한 문제가 나타난다. 언어 측면에서 보이는 특징으로는 정상에서 벗어난 언어 및 동일성 추구 등이 있는데, 아이마다 수준이 다 다르므로 전문가에게 그에 따르는 적절한 치료를 받아야 한다.

변수가 많은 후천적 요인

후천적 요인으로 말이 늦는 데는 변수들이 생각보다 다양하고 많은데, 여기에는 엄마가 제공하는 언어 환경도 포함된다.

환경 요인 중 하나로는 반응성 애착 장애를 들 수 있다. 엄마와 아이 사이에 애착 형성이 안 되면 사회적 관계 맺기에 어려움이 따를 수 있다. 엄마와의 정서적 유대감은 아이의 신체능력, 지적능력, 정서발달 등에 영향을 미치기 때문이다. 이 장애는 눈을 잘 맞추지 않고, 이름을 불러도 반응하지 않으며, 혼자서만 놀려고 하는 등 자폐 스펙트럼과 유사한 특성을 보이지만 심각한 의사소통 장애나 동일함을 추구하는 행동은 하지 않는다. 그리고 엄마와 애착이 원활하게 잘 형성되면 정상적인 언어발달이 가능하기도 하다. 다만, 자폐와 비슷한 성향을 보이므로 정확한 진단과 함께 전문가의 도움을 받아 재활을 진행해야 한다.

언어 자극 부족 및 다양한 변수들에 의해서도 말이 늦어지는데, 대체로 이해언어 능력보다 표현언어 능력이 현저히 떨어진다. 이 아이들은 청력, 인지, 신경학적 결함, 정서 등에는 문제가 없으나 표현어휘 검사에서 100명 중 하위 10명(10%ile)에 속

한다. 또 두 돌 즈음에도 말하는 단어가 10개 미만이며, 만 3세가 되어도 50개 미만이거나 두 단어로 조합된 문장을 말하지 못한다.

　말 늦음의 원인이 선천적인 경우, 안타깝지만 가정에서는 고칠 수 없다. 언어 외에 다른 면에서 이상한 점이 발견되는 데도 곧 괜찮아지겠지 생각하며 계속 지켜보기만 하다가 치료 시기를 놓치면 심각한 지경에 빠지고 만다. 따라서 나이에 맞게 언어가 발달하는지 관찰하고 이상하다 싶으면 빨리 전문가에게 진단을 받아보고 적절한 치료를 해야 한다.

　반면, 만 3세 이전에 언어 외의 다른 발달에 문제가 나타나지 않는다면 그 원인이 후천적일 때가 많다. 눈치가 빠르고, 몸짓이 다양하며, 이해언어 능력도 어느 정도 보유한 아이는 당장은 말이 좀 늦더라도 언어를 적극적으로 자극해 주기만 하면 대부분 차츰 또래의 언어발달을 따라간다.

　그러나 앞서 말했듯 만약 집에서 6개월 정도 적극적인 언어 자극을 주었음에도 말하는 능력이 향상되지 않는다면 전문가에게 정확한 진단을 받아보아야 한다. 그리고 필요한 경우 치료를 병행해야 하는데, 빠를수록 좋다.

　아이가 말이 늦다고 생각되면 엄마는 아이의 다른 부분들을 보지 못하고 오로지 아이의 말에만 매달린다. 말을 입 밖으로 내기까지는 뇌를 비롯해 신체구조와 정서, 인지 등의 기능이 모두 적절하게 성장하고 발달해야 한다는 걸 간과한다.

　말이 늦은 데는 수만 가지 이유가 있다. 아이마다 다른 그 많은 이유 중에서 우리 아이가 왜 말이 늦는지를 찾아내야 한다. 엄마에게 중요한 건 우리 아이가 말이 늦다는 사실보다 왜 말이 늦는지를 아는 일이다. 그래야 아이에게 맞는 언어 지도를 할 수 있다.

늦은 게 아니라
느린 겁니다
-말이 느린 또 다른 이유

말이 늦은 아이와 마주할 때 나는 아이가 대답하는 순간의 눈동자를 관찰한다. 겉으론 아무 일 없는 듯 끔벅거리지만, 내면에서는 언어의 소용돌이가 일어나고 있지는 않은지 알아보기 위해서다. 표정을 보면 말이 입 밖으로 나오기 직전인지 아닌지 대충은 알 수 있기 때문이다.

대답을 못 하는 아이들에는 두 가지 유형이 있다. 질문을 이해 못해 대답을 못하는 아이들과 이해는 하지만 적당한 말을 못찾아 대답을 못하고 혼란에 빠지는 아이들이다. 후자의 경우에는 단어 하나하나를 보통의 아이들보다 더 입체적으로 느낀다.

그래서 폭포수처럼 쏟아져 들어오는 단어를 듣고 적절한 대답을 찾아내거나 자기가 만족하는 문장을 구성해내는 데 오랜 시간이 걸린다. 말이 느려질 수 있다는 것이다. 물론, 이는 언어 이외의 다른 발달이 정상 범위 내에 있을 때를 전제로 한다.

내 성향도 그렇다. 성격 급한 이들이 답답해하는, 아주 느린 사람이다. 4차 산업혁명이 일어나고 있는 작금의 시대를 살아가기에는 심하게 아날로그적이다. 말 느리고, 행동 느리고, 생각도 느리다. 그 이유 중 하나가 바로 말의 힘을 온몸으로 느끼기 때문이다. 입 밖으로 내는 단어 하나하나에 다른 사람들보다 과하게 의미를 두는 건지도 모른다. 그렇지만 머릿속에 떠오르는 단어를 고르고 또 고른 다음 말을 하게 되는 건 어쩔 도리가 없다.

모든 단어에 어원이 있는 것처럼 단어 안에는 그 오랜 역사만큼의 힘이 있다. 40년을 살다 보니 사람들 모두가 나처럼 생각하지는 않는다는 걸 잘 알지만, 그렇다고 해서 말의 무게감을 떨치기는 쉽지 않다. 또 같은 단어라도 듣는 사람, 말하는 사람마다 느낌이 다를 수 있음도 안다. 그래서 겉으로는 말이 없고 평온해 보여도 머릿속에서는 내 말뜻을 가장 정확하게 전달할 적절한 문장을 만들기 위해 단어들을 떠올렸다 지우기를 반복한다. 그러다 말할 타이밍을 놓쳐 침묵할 때도 많다.

내가 이렇다 보니 말이 늦은 아이들을 만나면 최대한 많이 기다려주려 한다. 나처럼 단어를 고르고 또 고르느라 또래보다 시간이 더 필요한, 단지 말이 느린 아이일 수 있기 때문이다.

아이들은 각자 자신의 결을 지니고 태어난다. 우리는 그것을 기질 또는 성향이라고 부른다. 외향성 아이들은 대부분 자신이 느끼는 모든 자극을 반기며 그것에 반응하기를 즐거워하지만, 쏟아져 들어오는 자극에 자기의 에너지를 모두 쏟아부어야 하는 내향성 아이들은 그 자극이 전혀 즐겁지 않다. 그러니 스스로를 보호하기 위해 더 경계하고 긴장한다.

이런 결은 엄마와 같을 수도 있고 다를 수도 있다. 결이 같으면 굳이 말하지 않아도 서로를 이해한다. 문제는 결이 다를 때 생긴다. 자신의 감정을 실시간으로 표현하는 기술을 장착하고 태어나 받는 자극이란 자극은 모두 즐기며 그것에 기쁨을 느끼는 외향성 엄마와 세상의 모든 자극으로부터 자신을 보호하기 위해 무던히도 애를 써야 하는 내향성 아이가 만나면 어떤 일이 벌어질까? 아이가 느끼기에는 엄마의 행동 하나하나가 지나치게 자극적일 수 있다. 언어치료를 하다 보면 간혹 이처럼 엄마와 아이의 성향이 달라 생기는 사소한 문제들로 관계가 틀어진 경우를 종종 본다.

사람을 좋아하는 외향적인 아이들은 의사소통의 가장 빠른 도구가 말이라는 사실을 본능적으로 알고, 다른 아이들보다 말하기를 좋아하며, 빠르게 발달시킨다. 반면, 내향적인 아이들은 자신을 즐겁게 하는 것들을 대부분 내면에서 찾아 그것에 집중한다. 타인과의 관계에 크게 관심이 없다. 외향적인 아이들에 비해 말에 대한 반응의 크기가 작을 뿐만 아니라 접하는 양에도 차이가 날 수밖에 없다.

그렇다고 성향의 차이가 언어발달에 결정적인 영향을 미친다는 건 아니다. 다만, 변수로 작용할 수 있다는 뜻이다. 간혹 신체 및 운동발달이 빠르고 에너지까지 넘쳐나 발에 모터가 달린 듯 온종일 뛰어다니는 외향적인 아이들도 말이 느릴 때가 있다. 이런 아이들은 처음에는 말이 느리다가도 어느 지점에 가면 따라잡는다. 시기의 문제일 뿐이다. 반대로 언어의 발달은 또래보다 매우 빠르나 더러는 신체나 운동발달이 더딘 아이들도 있다.

갑자기 말이
터졌다고요?

말 늦은 아이(Late talker)란 어떤 아이를 말하는 것일까? 언어치료의 세계에서는 표준화된 표현어휘 검사 결과 100명 중 하위 10명(10%ile)에 속하며, 또래 평균보다 말이 1년 이상 늦는다고 평가되는 아이들을 일컫는다. 만 2세 전후에도 표현하는 단어가 10개 미만이며, 만 3세가 되어도 50개 미만 혹은 두 단어로 조합된 문장을 말하지 못하는 게 말이 늦은 아이들의 전형적인 특징이다.

그런데 이 같은 현상을 보이는 아이 중에도 다른 아이보다 단순히 말이 조금 늦게 터지는 언어 지연이 있고, 치료를 받아야 하는 언어발달장애가 있다. 그리고 언어발달에 있어 또래와 비교했을 때 둘 다 짧게는 1년, 길게는 2년여 정도 뒤처짐을 보인다. 사실, 엄마라면 내 아이가 이런 상태일 때 언어의 지연인지 장애인지가 제일 궁금할 것이다. 하지만 솔직히 말하면 그 경계를 확연히 구분하기란 쉽지 않다.

'언어 지연'이란 청각, 인지 및 신경학적이나 정서발달 등에는 문제가 없는 상태에서 이해언어 능력 대비 표현언어 능력이 떨어지는 걸 말한다.

반면, 언어발달장애는 '언어 지연' 아이들처럼 신체, 정서, 인지발달에도 문제가 없으며, 발음기관들의 정상적인 발달과 함께 뇌 손상 등의 결함도 없다. 다른 점은 이해언어 능력 대비 표현언어 능력이 떨어지는 언어 지연 아이들과 달리 이해언어 능력과 표현언어 능력 둘 다 현저히 떨어질 뿐이다.

단순히 말이 늦은 언어 지연 상태의 아이가 노란 모자를 쓰고 있다고 치자. 이 아이가 언어 자극을 풍부하게 받지 못하면 어떻게 될까? 만 3세 이후의 언어발달 전반이 느려지고, 그렇게 점점 더 뒤처지면 노란 모자에 '단순언어장애'라는 빨간색이 덧칠된다. 그 상태로 학령기가 되면 파란색의 '읽기장애', 보라색의 '학습장애'가 연속적으로 칠해진다. 노랗던 모자가 무지개 모자가 되고 마는 것이다.

이처럼 단순히 말이 늦은 아이라도 제대로 된 언어 자극을 받지 못하면 학령기가 되기까지, 어쩌면 그 이후에도 계속 '언어발달장애'라는, 색깔이 덧칠된 무지개 모자를 쓰고 살아야 한다. 언어 지연 아이와 언어발달장애는 같은 연속선상에 놓여 있다는 말이다.

따라서 '언어 지연' 상태의 아이와 '언어발달장애' 상태의 아이 모두에게 언어 지도가 필요한데, 만 2세 이전에 표준화된 검사에서 6개월에서 1년 정도 느린 경우(표현어휘가 −1SD 미만)일 때는 가정에서 언어자극만 충분히 받아도 대개는 말 능력이 정상적으로 발달한다. 예를 들면, 돌이 막 지난 아이가 간단한 지시 따르기도 잘하고, 알고 있는 단어도 많은 것 같은데 아직 옹알이만 한다든지, 두 돌 즈음의 아이가 단어는 30~40개 정도 말하는데 문장으로는 말을 제대로 못한다든지 하는 경우가 여기에 해당한다.

주변에서 말을 한 마디도 못하던 아이가 다섯 살이 되더니 갑자기 말을 하기 시작했다며 걱정할 필요 없다고 이야기하는 사람들이 있다. 또 그 말을 철석같이 믿고 말이 늦은 아이를 그냥 내버려두는 엄마들도 있다. 그러나 그런 일은 기적에 가깝다. 그 집 아이가 그랬다고 해서 내 아이도 그럴 수 있다는 생각은 본인의 바람일 뿐이다. 다른 사람의 경험이나 기준이 아닌 우리 아이의 언어 나이를 파악한 뒤 1년 이상 늦다고 확인되면 치료를 받아야 한다.

아이와 시간을 가장 많이 보내는 주 양육자는 대부분 엄마다. 일주일에 한두 번 만나는 언어치료사보다 매일 함께하는, 아이가 가장 사랑하고 신뢰하는 엄마가 언어자극을 주면 그 효과는 극대화된다. 어릴수록 더 그렇다. 엄마가 아이의 언어발달 과정을 이해하고 언어자극 방법을 배워 일상에서 적절히 자극해 준다면 아이의 말 늦음은 충분히 고칠 수 있다. 문제는 언어자극법은 치료를 받으러 가야만 배울 수 있다는 점이다. 정말 안타깝다.

언어는 삶의 매 순간을 채워나가는 수단의 하나다. 노련한 기술을 모두 동원해 일주일에 한두 시간 정도 언어발달을 도와주는 전문가의 도움도 필요하지만, 아이의 삶에서 자연스럽게 언어가 녹아들 수 있도록 환경을 개선해 주는 게 더 중요하다. 이것은 내가 현장에서 대부분의 언어발달 치료에 엄마를 꼭 참여시켜 엄마의 태도, 아이의 언어발달 과정, 언어 유도법 등을 알려주는 이유이기도 하다.

말은 보통 만 3세를 전후해 대부분 습득된다. 그러므로 엄마가 전반적인 언어발달 과정과 언어자극법 등을 배워 집에서 아이의 언어발달을 위해 노력한다면 아이의 말은 꽃을 피우게 될 것이다.

말 늦은 아이의 말 세상은
어떻게 만나나요?

규하는 세상을 온통 자동차와 연결해 바라본다. 길을 걷다 발견한 네모난 돌멩이는 유치원에 안전하게 데려다주는 노랑 버스가 되고, 집으로 배달된 커다란 택배 상자는 가위로 오리고 붙여 세상에서 하나뿐인 멋진 지프로 만든다. 어느 하나 자동차와 연결되지 않는 게 없다. 그런 규하가 세 살 무렵에는 발음이 명료하지 않았는데, 특히 'ㅈ'이 그랬다. 그럴 때마다 나는 규하의 시선으로, 규하가 제일 좋아하는 자동차와 연결해 생각했다. 그러면 규하의 말을 알아들을 수 있었다.

아이는 무엇을 통해 세상을 만날까? 어떤 소리가 귀를 간

지럽히며, 어떤 모양과 색깔이 눈에 가득 찰까? 엄마는 아이가 바라보는 시선, 말하는 그대로의 세상과 마주하고 싶지만 도통 알 수가 없을 때가 많다. 그렇다면 어떻게 해야 매 순간 좀처럼 보이지 않는 아이의 언어 세계를 눈으로 확인할 수 있을까?

단어 리스트를 만들면 아이의 말 세상이 보인다

앞서 아이들에게는 생활 나이와 언어 나이가 있다고 했다. 시간이 지남에 따라 자연스럽게 먹는 나이가 생활 나이, 현재 아이의 언어 이해도 및 표현 정도를 가늠한 나이가 언어 나이다. 그리고 아이들은 생활 나이에 따라 사용하는 단어들이 있으므로 지금 사용하는 단어와 생활 나이에 맞는 단어를 비교해 보면 아이의 언어 수준이 어느 정도인지 알 수 있다.

그러려면 먼저 아이가 사용하는 단어 리스트를 만들어야 한다. 그것도 이해어휘(표현은 못해도 들으면 아는 단어)와 표현어휘(이해하고 있는 단어 중 표현 가능한, 아이가 스스로 말할 수 있는 단어)로 나누어야 하는데, 단어는 개념이 머릿속에 표상화되어 있어야 말로 표현이 가능하므로 이해어휘가 표현어휘에 늘 선행하기 마련이다.

옹알이 단계도 마찬가지다. 옹알이도 생활 나이에 따라 단순 옹알이에서 복잡한 옹알이로, 즉 처음에는 '마마, 빠빠'처럼 입술소리로 단음절이 반복된 옹알이를 하다가 점차 복합음절로 변한다. 그러다 단어들이 출현하는데, 이때는 대부분 머릿속에 개념이 표상화되기 이전 단어들로 원시어일 뿐 우리가 사용하는 온전한 단어가 아니다. 그럼에도 이런 옹알이나 원시어조차 녹음 또는 깊이 관찰해 리스트를 만들고 한두 달 뒤와 비교해 보면 표현이 많이 달라졌음을 알 수 있다.

아이가 말이 늦으면 구체적이고 명확하게 치료의 목표를 세워야 한다. 예를 들어, 단어를 말하는 게 목표라면 먼저 아이의 실생활에서 가장 필요한 단어들을 목표로 정한다. '빠방, 꿀꿀, 칙칙폭폭' 같은 의성어나 의태어일 수도 있고 '밥, 물' 같은 음식일 수도 있다. 문장구조를 정할 때 '엄마 물' 같은 두 단어의 전보문 형태를 사용하는 아이라면 같은 전보문 형태라도 단어의 확장에 초점을 맞춰 '아빠 물, 할머니 물, 아빠 가방, 아빠 안경' 등을 말하는 걸 목표로 한다. 두 단어에서 세 단어 조합의 문장으로 확장하는 게 목표라면 '엄마 물 줘, 엄마 물 먹어' 등이 될 수 있는데, 주간과 월간 등으로 나누어 정하는 게 좋다.

아이가 사용 중인 어휘 리스트 만들기는 곧 아이가 바라보고 있는 세상 속으로 노크를 하고 한 발 들이는 일이다. 아이는 자신이 어떤 말들로 세상을 만나며 살아가는지를 엄마가 알아

봐 준다면 말이 늦더라도 엄마에게 두려움 없이 표현하면서 앞으로 나아갈 것이다.

언어 일지를 쓰고 이야기하면 아이 말이 보인다

보통은 아이와 많은 시간을 보내는 엄마에 비해 아빠는 가족과 함께하는 시간이 적다. 엄마든 아빠든 이렇게 아이의 말을 직접 들을 수 있는 시간이 제한적이면 아이의 언어를 제대로 알고 이해하기가 어렵다. 그러므로 아이와 함께 있는 시간이 많은 사람이 쓴 언어 일지를 보고 아이가 오늘 표현한 말이나 상황을 공유해야 한다. 하루에 단 10분이라도 아이의 말에 대해 엄마와 아빠가 함께 이야기해야 한다.

또 아빠든 엄마든 아이와 둘이서 대화하는 시간이 상대적으로 부족한 사람이 있다면 시간 날 때 적어도 30분 이상 둘만이 함께하는 것도 필요하다. 이 시간은 아이의 심리적 안정은 물론, 아이가 새로운 말을 배우는 기회이기도 하다.

규하 아빠는 특별한 일 없으면 매일 저녁 7시에 귀가한다. 문 열리는 소리가 나면 아이는 현관 쪽으로 달려가며 '아빠'를 외친다. 규하에게 아빠는 더할 나위 없이 친한 친구다. 나는 저녁을 준비하면서 아이가 오늘 한 말 중 인상 깊었던 표현이나 감정 표현을 남편에게 시시콜콜 빠짐없이 이야기한다. 그러면 그는 벌써 그런 표현도 할 줄 아냐며 입꼬리를 한껏 올린다.

때에 따라서는 아주 사소한, 말하기 민망할 정도로 낯 뜨거울 수도 있으나 이런 대화가 모여 아빠는 아이를 이해하고, 아이가 좋아하는 것과 싫어하는 것들을 알게 된다. 당장 너무 사소해 할 필요가 없다고 생각했던 그 일을 시작해 보자.

"여보, 오늘 우리 ○○이 한 말 중에 가장 재밌었던 말이 뭐였는지 알아?"

아이 말이 늦는 원인은 엄마나 아빠 어떤 한 사람에게만 있지 않다. 또 그 책임과 의무를 누구 혼자에게 모두 감당하라고 강요해서도 안 된다. 가족 모두가 책임을 나눠야 하며, 모두 함께 아이의 언어발달을 도와야 한다.

말 늦은 아이와 말할 때는 다섯 가지
슬기로운 대화 기술이 필요합니다

내 직업을 알게 된 엄마들이 제일 많이 물어보는 질문은 '말 늦은 아이와 구체적으로 어떻게 대화해야 하는가'였다. 솔직히 말하면, 말 늦은 아이의 말을 한 방에 톡 터트려주는 마법 같은 묘책은 없다. 다만, 누구나 슬기롭게 대화할 수 있는 말하기 기술은 몇 가지 있다.

첫째, 아이에게 바로 '지금' '여기'서 일어나는 일에 관해 이야기한다. 보고 듣고 만질 수 있는 사물이나 사람 또는 사건을 주제로 말을 건네야 아이는 엄마의 말을 쉽게 이해한다.

둘째, 아이가 좋아하는 것, 아이에게 중요한 것에 관해 이야기한다. 무엇이든 아이가 관심을 가지는 사물이나 사건을 중심으로 이야기하면 아이는 더 깊이 엄마의 말에 집중한다.

셋째, 엄마가 현재 하는 행동이나 보고 있는 것, 생각을 간단한 문장으로 표현한다. 예를 들면, '엄마가 김밥을 만들 거야. 방금 밥을 김 위에 깔았어. 이제 달걀이랑 햄을 넣을 거야. 남은 재료들을 다 넣고 두 손으로 꾹꾹 말아서 김밥을 만드는 거야' 라고 말하며 지금 하는 행위나 생각을 말로 풀어 이야기한다. 이는 현재 일어나고 있는 상황에 대한 시각적인 단서를 아이에게 제공해주면서 동시에 모르는 단어나 문장 표현들을 맥락을 따라 좀 더 이해하기 쉽도록 도움을 준다.

넷째, 가끔 아이가 할 말을 대신한다. 말 늦은 아이를 볼 때 부모가 가장 많이 하는 착각은 아이에겐 아무 의견이 없다는 생각이다. 아이들은 말로 표현하지 못할 뿐 일어나는 일에 따라 감정을 느낀다. 또 그에 대한 자기만의 의견도 있다. 아이들은 두 돌을 기점으로 다양하고 복합적인 감정들을 느끼기 시작하는데, 그 같은 감정들을 처음 접하게 되면 이전에 느꼈던 짜증이나 화로 풀어내기도 한다. 바로 이럴 때 아이가 느끼는 감정을 제대로 표현하게 하려면 엄마가 대신 말해주어야 한다. 그리고 아이가 전에는 느끼지 못했던 새로운 감정들을 아이에게서 읽었다면 그게 어떤 것인지 이름을 알려주는 것도 좋다.

다섯째, 대화에서 가장 중요한 건 아이의 말을 길게 확장시키는 일이다. 아이가 한 말의 의미는 그대로 담은 채 다시 길게 말을 해준다. 예를 들어, 아이가 '우유'라고 말하면 엄마는 '배고파서 우유가 마시고 싶었구나'라고 아이의 말을 길게 만들어 다시 들려준다. 또 지나가는 트럭을 보고 아이가 '트럭'이라고만 말했다면 엄마가 거기에 새로운 내용을 추가해 '맞아. 파란 덤프트럭이 슈웅 지나가네'라고 덧붙여 말해준다.

그러나 위의 다섯 가지를 실천하기 전에 반드시 주의해야할 점이 있다. 아이의 말을 끝까지 주의 깊게 들어주어야 하고, 아이가 대답할 시간을 충분히 주어야 한다는 것이다. 아이가 대답을 잘못했다고 해서 엄마의 말을 계속 반복하도록 시키거나, 잘못된 말을 똑바로 고쳐서 말하도록 강요해서는 안 된다. 아이의 말이 잘못되었다면 바르게 고쳐 다시 한 번 더 들려주는 식으로 가볍게 넘어가야 하며, 아이가 무슨 말을 하든 긍정적으로 반응함으로써 엄마와 대화하는 순간이 즐거운 경험이 되도록 해야 한다.

반면, 발음이 정확하지 않아 아이 말을 이해할 수 없을 수도 있는데, 그럴 때는 엄마가 자신도 모르게 얼굴을 찡그리고 있지는 않은지 먼저 살펴야 한다. 그리고 아이가 무엇을 답답해하는지 알고 있다고 말로 이야기한다. 될 수 있는 한 아이가 몸짓 또는 알고 있는 모든 단어를 동원해 자신의 의사를 표현하고 말할 수 있도록 충분한 시간을 주어야 한다.

이런 방법들이 체득되어 자연스럽게 언어에 덧입혀지기까지는 시간이 필요하다. 말이 늦은 우리 아이와의 대화에서 엄마가 놓치고 있는 것은 없는지 곰곰이 생각해보자. 슬기로운 대화를 위해 갖춰야 할 기본은 어떤 이야기든 담아낼 수 있는 엄마의 쫑긋한 귀와 매끄럽게 대화를 이어 줄 고운 입이다.

조급하다고
서두르면 안 돼요

보통 언어치료 시작 전에는 먼저 또래와 얼마나 차이가 나는지 표준화된 검사도구를 활용해 아이의 언어능력을 확인한다. 그 결과로 평균치를 가운데 두고 왼쪽 혹은 오른쪽 어디쯤 있는지에 따라 표준편차(SD)가 결정된다. 이때 −2SD(평균보다 2년 늦음)로 나타나면 언어장애라고 진단하고 치료를 시작하는데, 이 같은 객관적인 수치가 치료 효과를 공식적으로 확인하는 기준이 되며, 치료에서는 표준화된 검사 결과를 절대시한다.

그러나 표준화된 검사라고 해서 겉으로 드러나지 않는 아이 내면의 언어능력까지 보여주는 건 아니다. 내성적이거나 낯을 많이 가리는 아이라면 자신의 언어능력보다 훨씬 낮은 평가가 나오기 쉽다. 단어나 문장처럼 표면으로 드러나는 게 언어의 전부가 아니기 때문이다. 실제로 사람의 언어능력은 청각적 기억력 및 자신이 아는 것과 모르는 것을 자각하는 메타인지 능력 같은 비언어적인 부분뿐만 아니라 음운 인식, 통사, 화용 등 광범위한 영역들을 포함한다. 내면에서 작동하는 언어와 그것을 표면으로 드러내는 음성학적인 말소리로 구분되는 살아 움직이는 언어를 단편적인 검사로 평가하기에는 분명 한계가 있을 수밖에 없다는 뜻이다.

또 같은 언어장애라도 유형과 증상들이 각각 다르다. 그 다양성을 우리는 '스펙트럼(spectrum)'이라는 말로 표현한다. 나는 이 단어를 볼 때마다 앞서 말한 무지개 모자처럼 머릿속으로 무지개를 그리며 생각에 빠진다.

'우리가 장애라고 말하는 스펙트럼의 어느 선상에 있는 어떤 아이는 단지 빨간색에 가까울 뿐이고, 또 어떤 아이는 보라색 끝자락 어딘가에 있는 것뿐이며, 우리 또한 그 길 어딘가에 서 있을 뿐인데……'

물론, 표준화된 검사를 통해 장애로 진단받은 아이는 그 수준에 맞는 적합한 치료를 받아야 한다. 꼭 필요한 과정이다. 하지만 장애로 진단받는 순간부터 엄마들은 치료받은 흔적이 혹시 아이의 장래에 영향을 미치지나 않을까 노심초사한다. 장애를 바라보는 사회의 왜곡된 시선 때문에 언어치료를 망설이며, 언제 빠져나갈지 알 수 없는 컴컴한 터널 속을 헤맬 때처럼 답답해한다.

어떻게 해야 할까? 엄마가 태도를 바꾸어야 한다. 말 늦은 아이를 키우는 엄마는 눈을 뜨고 나서 잠들 때까지, 아니 꿈에서도 그 원인이 뭔지, 조금이라도 더 빨리 말을 터트려줄 마법 같은 방법들은 없는지 찾아 헤맨다. 아이 몸에 아주 작은 상처만 생겨도 온종일 걱정에 빠져 지내는 게 엄마다. 하물며 다른 아이들은 어렵지 않게 툭 내뱉는 '엄마'라는 말을 한 번도 들어보지 못하는 엄마의 마음은 매일매일 무너져 내릴 것이다. 그럼에도 엄마는 꿋꿋해야 한다. 비교해서도 안 된다. 아직은 '엄마'라고 부르지 못해도, 다른 아이처럼 조잘조잘 떠들지 못해도 세상 누구보다 가장 사랑스럽고 예쁜 게 내 아이다. 다른 아이보다 조금 늦다고 해서, 부족한 무언가가 있다고 해서 그것이 엄마의 사랑을 방해할 수는 없다.

언어치료실에서 만난 아이들 대부분은 자기가 왜 이곳에 왔는지 잘 모른다. 아이들은 느긋한데 엄마는 조급하다. 그러다 어느 순간 엄마의 그 조급함을 알아채면 그때부터 슬슬 눈치를 보기 시작하면서 생기를 잃어간다. 아이를 대하는 엄마의 태도가 이처럼 아이의 자아를 건강하게 만들 수도, 약하게 만들 수도 있다. 자아가 건강해야 자존감 높은 아이로 성장한다는 사실을 엄마는 잊어서는 안 된다.

언어 외에 다른 문제가 없을 때 언어치료의 목표는 또래 아이들의 평균치만큼 언어능력을 향상시키는 것이다. 언어치료사조차 아이를 또래와 비교하는 일로 치료를 시작하고 평가의 기초로 삼는다는 말이다. 그러니 언어치료실에 온 아이들은 자신이 놓인 스펙트럼 선상에서 평균치에 도달하기 위해 뛰고 또 뛸 수밖에 없다. 누군가가 세워놓은 정상이란 범위 안에 들기 위해 전력을 다한다. 엄마는 이런 아이들에게 위로를 주고 기댈 어깨를 내어주어야 한다. 고백하건대, 언어치료사인 나도 엄마로서 그동안 수많은 정상치와 비교해 대면서 아이를 불안하게 만든 적이 한두 번이 아니다. 반성한다.

정상이라는 기준은 아이를 키우는 데 참고할 만한, 가장 쉽고 편안하며 때로는 믿음을 주는 선이긴 하다. 하지만 반드시 그 기준에 따라야 하는 것은 아니다. 어떤 아이는 몸의 성장속도는 빠르나 말이 늦고, 또 어떤 아이는 말은 빠르나 늦된 신체 성장을 보인다. 또 유독 말이 빠른 아이와 늦은 아이가 나중에는 비슷한 무리에 섞이기도 한다.

아이를 키우며 새롭게 생긴 취미 중 하나가 바로 베란다 텃

밭 가꾸기다. 그곳에는 로즈메리, 브라운로즈, 익소라, 토마토, 해바라기 등의 식물들이 자란다. 처음에는 그 식물들에 같은 시간에 같은 양의 물을 주었다. 그랬더니 어떤 식물은 물의 양이 너무 많아 잎이 노래져 죽고, 또 어떤 식물은 메말라 죽었다. 같은 종의 식물이라도 자라는 속도가 천차만별이며, 각각의 성장 속도가 달랐다.

아이들도 마찬가지다. 어떤 아이들은 조금 빠르고 또 어떤 아이들은 조금 느리다. 조급해하기보다는 내 아이의 성장 속도에 맞게 물을 주어야 한다.

4장

아이의 말에
날개를 달아주세요

말을 가르치기 전에
알아야 할 게 있어요

농부는 씨앗을 뿌리고, 물을 주고, 비료도 주지만 억지로 꽃을 피우고 열매를 맺게 할 수는 없다. 씨앗이 스스로 꽃을 피우고 열매를 맺도록 환경을 조성해 줄 뿐이다. 아이의 언어 꽃피우기도 마찬가지로 엄마가 억지로 할 수 있는 일이 아니다. 아이 스스로 피워내도록 적절한 순간에 필요한 것들을 제공하면 된다. 그러기 위해서 엄마는 다음의 여섯 가지를 명심해야 한다.

첫째, '듣고 싶은 말'로 한정하지 말자

의사소통에서 언어의 개념은 꼭 '말'만을 의미하지 않는다. 그보다 훨씬 넓다. 그리고 아이는 언제든 말이 아닌 다른 수단,

즉 손짓이나 표정, 발성 등 다양한 통로로 엄마에게 자기의 의사를 전달하려 노력하는 중일지도 모른다.

그런데 말을 가르치는 데 있어 목표를 듣고 싶은 '말'로 제한하고 엄마가 아이의 '말'에만 반응을 한다면 어떻게 될까? 아이가 보여주었던 몸동작이나 표정 등 비언어적인 표현들은 사라지고 말 것이다. 더 불행한 일은 아직 제대로 된 말로 의사를 표현하지 못하는 아이들은 자연스레 입을 닫아버리게 된다는 점이다. 게다가 엄마와의 대화를 거부하거나 모든 의사를 울음으로 통합해 버리면 지나치게 떼를 쓰는 말 안 듣는 아이로 낙인찍히고 만다. 목표를 듣고 싶은 '말'에만 두면 이처럼 다양한 부작용이 나타날 뿐만 아니라 그로 인해 오히려 발달이 더뎌질 수도 있다는 뜻이다.

넓은 의미의 언어는 엄마와 아이의 대화만이 아닌 소통 전부를 포함한다. 말로는 못해도 아이는 내면에 가진 수많은 언어로 표현한다. 따라서 단지 말이 늦어 겪게 되는 많은 좌절의 경험을 최대한 줄여주어야 한다. 그게 바로 엄마의 역할이다.

둘째, 말에만 초점을 맞추지 말자

우리는 말을 잘하면 똑똑할 것이라거나 공부를 잘하리라고 생각한다. 이는 자신을 표면으로 드러내는 첫 번째 수단인 말

때문에 갖게 된 편견이다. 그리고 간혹 엄마인 우리가 혹은 제일 가까운 가족이 누구보다 먼저 아이에게 그 편견의 옷을 입히기도 한다.

내 아이가 말이 늦다고 해서 발달 전체가 느릴까? 인지가 떨어질까? 그렇지 않다. 아이에게는 무한한 잠재력이 있다. 그럼에도 현재 말이 늦으므로 당장 그 문제를 해결하기 위해 지나치게 아이의 언어에만 매달린다. 그래서는 안 된다. 말보다는 먼저 마음을 어루만지거나 생활 리듬을 안정시켜야 할 때도 있다. 아이의 여러 장점은 몰라라 한 채 말이 늦다는 단점만 보는 게 아니라 전반적인 발달과정을 바라보며 한 사람의 인격체로 존중해야 한다.

셋째, 라포 형성이 먼저임을 알자

말이 늦은 아이라고 해서 당장 말을 하게 만드는 게 중요한 게 아니다. 엄마와의 의사소통에 있어 아이가 갖게 되는 친밀감 또는 신뢰 관계, 즉 라포 형성이 먼저다. 아이에게 어떤 개념이나 단어 하나를 가르치려면 그게 누구든 아이와 신뢰가 형성된 상태여야 가능하다. 우리 같은 언어치료사도 마찬가지다. 아이가 왔다고 해서 곧바로 치료에 들어가지 않는다. 아이를 충분히 관찰하면서 신뢰를 얻고 라포를 형성한 후 치료를 시작한다.

말 늦은 아이의 엄마들에게 집에서 해야 할 것들을 알려주면 보통 '우리 아이는 선생님 말을 더 잘 들어요' 또는 '선생님이랑 하니까 가능하지 저하고는 안 해요'라고 말한다. 이유가 뭘까? 언어치료사의 역량이 훌륭해서일까? 아니다. 엄마와 아이의 관계가 무너졌기 때문이다. 이럴 때는 아무리 좋은 방법들을 활용해도 아이는 입을 열지 않는다. 말이 늦은 내 아이와 첫번째 해야 할 일은 아이와의 관계를 알고 회복하는 일이다. 치료는 그다음이다.

넷째, 따라 말하기를 강요해선 안 된다

내 경험상 아이들이 치료받을 때 제일 싫어하는 게 '따라 말해 봐'라는 말이다. 말 늦은 아이들은 보통 만 2~3세 즈음에 치료를 받기 시작하는데, 이때가 자아 형성을 위한 정서발달이 활발하게 이루어지는 시기로 흔히 왕을 모신다고 표현한다. 무엇이든 자기 뜻대로, 원하는 대로, 하고 싶은 대로 해야 하는 시기다. 이런 아이에게 따라 해보라고 요구하니 싫어하는 게 당연하다.

언어의 발달은 언어만이 아니라 신체발달, 정서발달, 신경계 발달 등이 수반되어야 가능하다. 언어 외에도 다양한 발달들을 함께 고려하면서 언어를 가르쳐야 한다. 말 늦은 아이에게 말을 가르칠 때의 목표는 따라 말하기를 잘하는 앵무새로 만드는 게 아니다. 언어란 자기 내면에서 하고 싶은 말들을 스스로 조작해 입으로 표현하는 것이다. 따라 말하기만을 강조하게 되면 더 많은 말을 하게 할 수 있을지는 모르나 아이 스스로 언어를 창조해 낼 수 있는 능력을 키우기는 어렵다.

다섯째, 순서에 맞게 가르치자

엄마들이 가장 많이 했던 질문 중 하나가 있다.

"우리 아이가 단어 한두 개는 말을 했거든요. 그런데 치료를 시작한 지 두 달이나 됐는데 아직 '엄마 주세요' 정도도 말을 못해요. 이게 치료 효과가 있는 건지 다른 방법을 찾아야 하는 건지 모르겠어요."

결론부터 말하면 그 시기에는 '엄마 주세요'라는 말을 못하는 게 맞다. '엄마 주세요' 같은 문장을 말하려면 내면에 적어도 100개가 넘는 이해어휘들이 쌓여야 하고, 표현할 수 있는 단어의 수가 최소 50개 이상이 되어야 하며, 단어와 단어를 붙여 말할 수 있는 능력을 갖춰야 하기 때문이다.

아이들은 시기는 달라도 같은 발달 순서를 거치며 언어를 습득한다. 따라서 맞춤 교육이 필요하다. 공부에서 맞춤 교육은 현재 수준에서 한 단계쯤 높은 학업능력을 갖추는 걸 의미한다.

말도 똑같다. 아이의 현재 언어능력을 고려해 그에 맞는 목표를 설정해야 한다.

여섯째, 절대로 화를 내서는 안 된다

엄마는 장난감을 갖고 열심히 놀아주면서 자기가 낼 수 있는 최상의 부드러운 목소리와 풍부한 표정, 다양한 언어들로 아이에게 자극을 주려고 노력한다. 그런데 아이는 장난감 외에는 관심이 없다. 엄마의 질문에도 반응하지 않는다. 답답함을 참고 아이의 반응을 끌어내려 또다시 부단히 노력한다. 하지만 아이는 끝까지 엄마가 원하는 반응을 보여주지 않는다. 그런 상황이 한 시간 두 시간 계속되니 화가 난다. 당연하다. 참다 못한 엄마는 아이에게 결국 짜증을 내고 아이는 소리 지르며 운다.

그렇다면 지금 자신에게 무슨 일이 일어나는지 모르는 아이 편에서는 어떨까? 오늘따라 엄마가 유난히 잘 웃어주고, 자기 말에 뭐든지 반응을 해준다. 엄마랑 재밌게 잘 놀고 있다고 생각했는데 갑자기 엄마가 화를 낸다. 이런 일이 하루 이틀 계속 쌓인다. 아이는 과연 엄마와의 놀이가 즐거울까?

엄마는 아이와의 언어놀이에서 자꾸 어떤 결과물을 만들어내려고 한다. 그래서는 안 된다. 놀이의 주체는 엄마가 아니라 아이다. 엄마가 원하는 말을 듣기 위해 언어놀이를 해서는 안 된다. 아이가 품고 있는 언어라는 씨앗에 열심히 물을 주고, 볕도 쬐면서 영양분을 공급한다고 생각하고 그것에 만족해야 한다. 그렇게 하루, 일주일, 한 달이 지나다 보면 생각지 못한 순간에 아이의 입을 통해 엄마가 했던 말들을 듣게 될 것이다.

인간은 놀이하는 동물
호모 루덴스입니다

네덜란드의 문화사학자 요한 하위징아(Johan Huizinga)는 《호모 루덴스(Homo Ludens)》라는 책에서 인류의 본질이 놀이문화에 기반한다고 분석했다. 그래서인지 아이들 또한 말을 시작하기 이전에 보이는 상징행동을 놀이화한다. 상징행동이란 어떤 사물이나 행동을 다른 사물이나 행동으로 표현하는 것을 말하는데, 아무리 단순한 몸짓이라도 사물이나 사건에 대한 개념이 형성되어야 가능하다. 그리고 아이들은 말을 시작하기 전에 이러한 상징행동을 통해 놀이를 시작한다.

나이별 상징행동	
탐험적인 놀이 **(9~10개월)**	물건에 맞는 놀이를 하지는 못하나 탐험하는 자세를 보인다.
전상징기적 행동 **(11~13개월)**	물건에 대해 관습적인 사용을 한다. 예) 전화기를 들어 귀에 가져간다.
자동적 상징행동 **(14~15개월)**	자신의 몸을 중심으로 상징놀이를 한다. 예) 음료수 병을 들어 마시는 흉내를 낸다.
단순 상징행동 **(16~17개월)**	자기 몸에만 국한되지 않는, 진정한 상징놀이를 한다. 예) 인형에게 우유를 먹이는 행동, 인형에게 책을 읽어주는 흉내 등을 낸다.
단순 상징행동 **조합** **(18~19개월)**	하나의 상징놀이를 둘 이상으로 반복한다. 예) 인형에게 우유를 먹이고 자신도 먹는 흉내, 주스를 엄마와 인형, 강아지에게 차례로 주는 흉내를 낸다.
복합 상징행동 **조합** **(20~23개월)**	연속적인 행동 속에서 두 가지 이상의 상징놀이를 한다. 예) 국자로 냄비를 휘젓고 접시에 따른 뒤 인형에게 떠먹이는 행동을 한다.
물건 대치 **상징행동** **(24~35개월)**	관습적인 물건 대신 다른 물건으로 대치해 상징놀이를 한다. 예) 블록을 다리미, 빗을 비누로 사용한다.
대행자 놀이 **(24~35개월)**	다른 사람의 역할을 가장해 놀이를 한다. 예) 우는 소리를 내며 인형이 우는 것처럼 가장하거나 엄마의 구두를 신으며 '엄마 갔다 올게'라고 말한다.

두 가지, 세 가지 사회적 역할놀이 (36~59개월)	두 개 이상의 인형으로 각각 다른 역할을 수행한다. 예) 의사가 환자를 진료하는 놀이를 하거나 중간에 간호사도 넣어 놀이를 한다.
복합적인 사회적 역할놀이 (60~72개월)	한 인형으로 두 가지 이상의 사회적 역할을 수행하 는 놀이를 한다. 예) 의사 인형이 병원에서 환자를 보고, 집에서는 아 빠 역할을 한다.

*김영태, 학지사《아동 언어장애의 진단 및 치료》에서 참조.

아이와의 의사소통에서는 성인의 역할이 매우 중요하다. 아이들은 아직 모든 감각이 성장하는 중이며, 서로 조정이 잘 되지 않아 이를 활용하지 못하기 때문이다.

대표적 언어학자인 비고츠키(L. S. Vygotsky)는 아이가 스스로 해결할 수 있는 능력과 성인이 아이의 문제를 해결할 수 있도록 도움을 제공했을 때 발생하는 능력의 차이를 근접발달영역(ZPD, Zone of Proximal Development)이라는 개념으로 정립하고, 비계(Scaffolding) 설정의 중요성을 강조했다. 비계란 아이가 주어진 과제를 잘 수행하도록 유능한 성인이나 또래가 도움을 주는 기준을 말한다. 즉, 언어에서는 아이의 옹알이에 반응하거나 하고 싶은 말을 대신해 주는 등 언어발달을 촉진시켜 주는 부모의 모든 행동을 의미한다.

태어나서 만 3세까지를 영아기라고 하는데, 아이들이 영아기에 하는 상징놀이도 표현의 수단이자 의사소통의 기능을 한다. 그리고 언어 측면에서 봤을 때 언어 점수가 높은 아이는 상징놀이를 더 많이 하므로, 이를 보면 아이의 언어발달 수준을 알 수 있다.

영아기에는 주로 엄마가 아이의 놀이 파트너가 되고, 엄마의 주도로 놀이가 이뤄진다. 영아가 혼자 놀이를 할 때와 엄마와 함께 놀이할 때를 비교해 보면 혼자 놀이를 할 때보다 엄마가 참여했을 때 상징놀이를 두 배 이상 많이 한다. 또 엄마가 옆에서 아이의 놀이를 지지하고 도와줄 때 놀이가 더 복잡하고 다양해지며 시간도 길어진다.

주코(Zukow, 1990)와 포겔(Fogel 1997)은 영아기 아이는 엄마와의 놀이를 통해 사물이나 행동과 관련한 언어를 듣고 말하게 되며, 엄마와 같은 사물을 보고 이야기하는 놀이를 통해 어떻게 표현하는지 배운다고 했다. 또한, 만 1세 영아의 언어와 놀이의 관계를 연구한 김명순·성지현(2002)은 엄마의 지도에 따라 영아의 언어와 놀이 수준이 높아진다는 사실을 알아냈다. 엄마가 사물의 이름이나 행동을 언어로 말해 주고 도움을 제공하는 등 적극적인 비계 설정이 영아의 언어발달에 큰 영향을 미친다는 뜻이다.

인간은 생각하는 존재이자 놀이로 삶을 즐기며 살아가는 존재다. 아이들도 본능적으로 놀이에서 삶의 즐거움을 찾는데, 영아기의 놀이는 언어 습득에 최적의 도구다. 그런데 엄마들에게 아이의 언어를 자극해 주라고 하면 대부분 이렇게 말한다.

"이게 뭐야?"

"이건 ○○야. 따라 해봐. 뭐라고?"

이런 말들은 분위기를 딱딱하게 만들 뿐만 아니라 아이와 즐겁게 놀이를 하는 것이 아닌, 아이가 듣든 말든 언어만을 쏟아부은 채 끝나고 만다.

아이들은 언어를 놀이에서 학습한다. 유대가 있는 타인과의 놀이에서 사물의 이름을 듣고 어떻게 행동할지 들으며, 말소리를 익히고 그 맥락을 이해한다. 따라서 집에서 아이의 언어를 지도할 때에는 반드시 놀이를 통해야 한다. 말을 하기 이전의 아이들일수록 엄마의 표정, 웃음소리, 행동에 민감하게 반응하므로 이때의 놀이란 아이와 엄마 둘 모두에게 진정으로 즐거운 놀이가 되는 상황을 의미한다. 엄마가 즐거워야 아이도 즐거워한다는 말이다. 즐겁고 편안한 감정을 동반한 말은 그렇게 아이의 귓속으로 들어가 사물과 연결된다.

아이가 어릴수록 어떻게 놀아주어야 할지 모르겠다고 토로하는 엄마가 생각보다 많다. 그럴 때는 앞의 표에 나오는 나이에 따른 상징행동 발달 순서를 참고해 그 행동을 유도하는 놀이를 해보자. 엄마의 웃음소리가 들리는 놀이가 아이의 언어를 자극하는 최고의 놀이다.

생후 6개월
엄마와 함께하는 언어놀이

언어치료 일을 하면서 아이와 어떻게 놀아야 하는지, 어떤 놀이를 해야 하는지에 대해 잘 모르거나 이런저런 이유로 실행을 못하는 엄마들이 많다는 걸 알았다. 사실, 나도 그런 엄마 중 한 사람이었다. 규하는 늘 내 생각보다 앞서 자랐고, 아이의 나이에 맞춰 놀이를 계획할 부지런함도, 놀아줄 여유도 없었다.

그러던 어느 날, 소아과 벽에 붙어 있는 발달 기준표를 보다가 나이에 따라 언어놀이를 정리한 표가 있다면 좋겠다는 생각이 들었다. 그래서 여러 자료를 참고해 0세에서 3세까지 수용언어(단어, 신호, 행동, 동작 등 상징을 이해하는 것)와 **표현언어**(자기 생각과 느낌, 질문, 요구 등을 말이나 신호로서 표현하는 것)를 증진시키는 언어놀이 가이드를 만들었다.

수용언어를 늘리는 놀이 6가지

뱃속에서 양수를 매개체로 소리를 듣다가 세상에 나온 지 얼마 안 된 아이에게는 엄마의 말소리, 여러 사람의 목소리, 환경음 등을 들려주는 동시에 촉각, 시각, 청각을 활용하는 놀이가 좋다.

시기	놀이 방법 및 목적
0~2개월	**다양한 환경음과 말소리에 반응시키기** 이 시기 아이는 소리에 대해 몸을 움직이거나 멈추기, 몸 비틀기, 눈 크게 뜨거나 깜빡거리기, 빨기, 웃거나 울기 등 전형적인 반사 반응을 보인다. 따라서 다양한 환경음과 말소리를 들려주고 반응을 유도하면서 아이가 반응할 수 있는 소리 목록을 점점 늘려나가는데, 먼저 조용한 상태에서 적절한 크기의 말소리를 들려주고, 딸랑이, 종, 호루라기, 악기 소리 등의 환경음을 들려준다.
3~4개월	**말하는 사람에게 집중시키기** 이 시기 아이는 혼자 힘으로는 고개를 돌릴 수 없다. 엄마가 말을 건네며 아이 얼굴에 가까이 다가가거나 말소리가 들리는 쪽으로 고개를 돌려주는 등 아이가 말하는 사람과 눈을 맞출 수 있도록 한다. 엄마가 말하는 순간에 입을 손가락으로 가리키거나 진한 색상의 립스틱을 바르는 등 시각적인 보조물을 활용하는 것도 아이의 흥미를 끄는 데 좋다.

3~4개월	**특정한 활동과 소리 연결하기** 이 시기 아이들은 소리와 연관된 손짓이나 몸동작을 서로 관계 짓기 시작한다. 밥을 먹기 전에 식탁을 두드린다거나 산책 전에 손뼉을 치는 몸동작과 함께 '똑똑', '짝짝' 같은 의성어를 함께 말하며 소리를 동작과 연결시킨다. 그러다 아이가 동작과 소리를 연결하기 시작하면 의도적으로 소리를 먼저 들려준 뒤 의성어를 조금 느리게 말함으로써 아이가 소리에 먼저 반응할 기회를 준다.
	소리 나는 물건 찾기 아이에게 소리의 방향을 알려주기 위해 머리의 오른쪽, 왼쪽 혹은 위, 아래 등으로 방향을 바꾸며 다양한 위치에서 소리를 들려준다. 아이가 자기의 시야를 확보하면서 점차 소리의 발원지를 추적할 수 있게 되면, 소리 나는 물건을 아이의 시야 밖에 놓아 스스로 소리 나는 물건을 찾을 수 있도록 유도한다.
4~6개월	**자기 이름 알기** 이 시기의 아이들은 서서히 엄마가 이름을 부르는 소리를 듣고 자기 이름을 인지하기 시작한다. 아이와 함께 거울을 보고 앉아 아이를 가리키며 이름을 들려준다. 그리고 아이가 옹알이로 엄마를 찾을 때 아이의 이름을 부르며 반응한다.
	여러 가지 목소리 구별하기 다양한 목소리를 아이에게 들려준다. 즐거운 목소리로 아이를 부르며 웃는 얼굴을 보여주고, 아이의 얼굴과 몸을 부드럽게 문지른다. 또 딱딱한 목소리를 들려주며 무표정한 얼굴로 말하거나 단호한 제스처와 함께 화난 목소리도 들려준다.

이 시기 아이는 외부에서 들려오는 신호, 즉 여러 가지 환경음과 말소리를 들으면서 소리에 서서히 반응하기 시작한다. 이 시기에 아이가 소리에 반응하도록 하려면 사물을 지칭하는 직접적인 단어보다는 '빵빵, 음메, 치카치카' 등 의성어와 의태어로 말을 건네는 방법이 효과적이다. 직접적인 단어는 말해도 그 의미를 알 수 없고, 소리나 행동을 묘사한 말소리들이 아이가 듣고 사물과 말소리를 더 빠르기 연결할 수 있기 때문이다. 그러면서 반응할 수 있는 소리의 목록을 늘려가야 한다.

표현언어를 늘리는 놀이 4가지

아이가 할 수 있는 최초의 의사 표현은 울음이다. 울음을 통해 자신의 행동이 타인을 변화시킬 수 있음을 인식한 후 웃음, 옹알이, 말소리 등 다양한 표현들로 나아간다. 그리고 옹알이에서 바바바, 암마마 등 음절성 발성시기를 거쳐 단어를 말하고 문장으로 표현하게 된다. 울음을 통한 발성만을 하다가 우연히 울음이 아닌 발성기관을 거친 발성을 경험하게 되는데, 그것이 바로 처음 옹알이를 터트리는 순간이다.

이 시기의 아이들은 아직 자신의 발음기관으로 말소리를 모방할 수 없다. 따라서 엄마는 아이가 옹알이를 터트릴 때마다 긍정적인 반응을 보여줌으로써 자꾸 아이의 발성을 유도해야

시기	놀이 방법 및 목적
0~2개월	**소리 내는 즐거움 알기** 아이가 내는 소리를 엄마가 따라 함으로써 소리내기를 좋아하도록 한다. 소리를 따라 낼 때 아이 손을 엄마 목에 대 소리가 날 때의 진동을 느끼게 해준다. 아이가 소리를 낼 때에도 입과 목에 아이 손을 대주어 소리를 촉각으로 느끼게 한다. **모음 말하기** 아이가 모음과 유사한 소리를 낼 때 부모가 그 소리를 따라 한다. 아이의 소리내기를 강화시키는 놀이로, 다양한 억양으로 모음을 들려주거나 모음으로 노래를 불러준다. 엄마가 '아'와 '이'처럼 입의 모양 변화가 큰 모음을 말하면서 아이의 손을 엄마의 입에 대어 진동을 느끼도록 해준다. 또 아이가 모음과 유사한 소리를 낼 때 아이의 손을 입이나 목에 대준다.
2~5개월	**들려오는 소리에 말로 반응하기** 아이와 함께 장난감을 만지거나 움직이면서 장난감이 내는 소리(삐-삐-, 딸랑딸랑 등)를 따라 말한다. 자동차를 굴리며 '빵빵' 하고 말하거나 소리 나는 오리 인형을 누르며 '꽥꽥' 하고 말하면서 아이에게 소리내기를 유도한다. 일상에서 일어나는 모든 상황을 소리와 연계할 수 있다. 티셔츠에 팔을 끼워 넣으며 '쏘옥~' 하고 말하거나 장난감 실로폰을 두드리며 '딩동댕' 하고 말할 수도 있다. 이 시기에는 딸랑이나 악기, 음악 소리가 나는 장난감 등을 활용하는 게 좋다. **옹알이 여러 번 반복해 말하기** 이 놀이를 하려면 엄마가 먼저 아이가 낼 수 있는 소리가 무엇인지 알아야 한다. 아이가 냈던 여러 소리를 조

합해 옹알이하듯 들려주거나, 아이와 눈을 맞추고 1음절의 말소리(마마마, 바바바)를 여러 차례 반복해 들려주는 방법도 좋다. 다음 단계로는 아이가 자발적으로 낸 옹알이에 음절의 수를 하나 더 늘리거나 약간 변형시켜 반복해 아이에게 들려준다. 이때는 두 입술이 맞닿아 나는 소리(양순음)를 자주 들려주는 게 좋은데, 아이가 내는 소리 중 비교적 빠르게 나오는 데다 소리를 내는 발음기관인 입술의 움직임을 쉽게 볼 수 있기 때문이다. '마마마'라고 소리를 내면서 아이의 손을 엄마의 콧등에 올려놓아 코의 진동을 느낄 수 있게 하거나, '파파파'라고 말하며 아이 손을 엄마 입술 바로 앞에 대고 양 입술 사이에서 막혔다가 터져 나오는 공기의 흐름을 느낄 수 있게 해주는 방법이 있다.

한다. 그러면 아이들은 자신의 발음기관을 이리저리 움직여 가며 발성기관을 통해 다양한 소리를 내는 '발성놀이(Vocal play)'를 즐긴다. 발성놀이를 통해 목구멍을 울리거나, 입술을 붙였다 떼거나, 혀를 굴려 소리를 내면서 조음기관을 마음껏 탐색한다.

태어나면서부터 아이들은 말을 배우기 위해 할 수 있는 모든 준비를 마치고 엄마를 기다린다. 하지만 출산과 함께 미지의 섬에 떨어진 엄마는 매일 달라지는, 헤아릴 수 없는 아이의 기운에 맞서야 한다. 온종일 누워 울기만 하는 아이를 어떻게 달랠지 고민할 시간조차 없이 그저 폭포수 같은 울음을 온몸으로 받아낼 뿐이다.

나 또한 출산 후 두 달이 다 되도록 이 시기 아이의 발달이 어떤지, 어떤 발달이 중요한지 생각할 겨를조차 없었다. 분명 대학에서 몇 년에 걸쳐 배우고 달달 외웠으며, 그동안 만난 엄마들에게 수없이 알려주던 내용이었음에도 아무것도 할 수 없었다. 그저 우는 아이를 안고 달래기에만 급급했다. 그때가 아이에게는 천둥소리를 동반한 번개를 처음 보았을 때처럼 세상에 눈이 번쩍 뜨이는 중요한 시기였는데 말이다.

아이들의 발달은 엄마가 정신을 차릴 때까지 기다리지 않는다. 엄마의 준비와 상관없이 자기의 속도에 맞춰 힘차게 성장해 나간다. 그러므로 엄마는 좀 덜 불안하면서 아이는 좀 더 행복해지는 6개월까지가 되려면 엄마가 이 시기 아이의 발달과정을 알고 아이의 세상과 만나야 한다. 그래야 울음 등 아이의 행동에 적절한 대처가 가능하다. "아는 만큼 보인다"고 하지 않는가!

고개도 못 가누는 데다 배도 금방 고프고 잠도 많이 자야 하는 시기, 종일 누워만 지내는 이때의 아이들에게도 세상을 마음껏 탐색하게 만드는 다양한 자극들이 있다. 돈과 시간을 많이 들이지 않아도 되는, 준비되지 않은 엄마도 아이의 일상을 놀이로 만들어주는 간단한 방법들이다.

첫째는 생활 속 모든 소리를 아이의 오감과 연결해 주는 놀이다. 딸랑이를 흔들다가 아이의 눈앞으로 딸랑이를 가져다 보여주거나, 바스락거리는 비닐을 손으로 비비다 발에 문질러주거나, 입속에 넣어도 되는 소리 나는 장난감의 소리를 먼저 들려준 뒤 입으로 마음껏 탐색하게 해준다. 그러면 아이들은 머리부터 발끝까지 모든 감각을 열고 세상을 받아들인다. 아주 단순한 소리일지라도 시각, 청각, 촉각, 후각, 미각 등 모든 감각을 동원해 경험하는 순간 그 소리의 의미는 경험한 만큼 확장된다.

둘째는 일상에서 나는 모든 소리에 엄마의 말소리를 담아 들려주는 놀이다. 초인종이 울리면 아이를 쳐다보고 '딩동' 하고 말하면서 소리를 들려주고, 그림책에 동물이 나오면 그 동물의 울음소리를 들려준다. 또 목욕 후 마사지를 하는 동안에는 아이의 다리를 만지며 '쭉쭉~' 하고 말한다.

그 외에도 다양한 소리를 놀이와 연결해 놀 수 있는데, 그럴 때 지루한 아이의 일상이 달라진다. 엄마의 소리가 온종일 귀를 간지럽히며 끊임없이 기분 좋은 자극을 주기 때문이다.

규하가 백일쯤 되었을 때의 나는 우유를 먹이거나 들쳐 안고 서성이면서 하루를 보냈다. 뭔가를 함께 해보려 하면 울어대기 시작했고, 이름을 부르며 열심히 다양한 자극을 주어도 반응이 거의 없자 그만 지쳐 버리고 말았다. 그때의 하루하루는 전보다 훨씬 길었다. 이 시기에는 아이의 반응을 꼭 끌어내겠다는 마음으로 접근해서는 안 되었는데 나는 그랬다. 지루한 시간을 달래준다는 생각으로 한두 번 정도 해보면 좋을 가벼운 놀이로 시작해야 하는데 그러지 못했다.

엄마들을 보면 교육을 받기 시작할 때는 무척 열정이 넘친다. 아이와 조금이라도 더 함께 시간을 보내려 노력한다. 하지만 그러다 한 달 두 달 지나서도 아이에게 눈에 띄는 변화가 보이지 않으면 그만 포기해 버린다. 지나친 열정은 아이에게도 엄마에게도 큰 부담이 된다. 자칫하면 아이로 하여금 거부감을 불러일으키게 하거나 서로를 지치게 만들 수 있다.

그럼에도 중요한 건 가벼운 놀이를 단 하루도 빼먹지 않는 것이다. 아이들은 일상에서 일어나는 반복 행동 속에서 자연스럽게 새로운 것들을 학습한다. 가랑비에 옷이 젖듯 하루에 한두 번이라도 매일 반복되는 일상은 아이에게 할 수 있다는 자신감을 준다. 말도 마찬가지다. 매일 반복되는 놀이를 통해 익숙한 패턴들을 익히고 엄마와 소통하면서 자기가 해야 하는 행동을 예측하고 자신감을 가진다. 그리고 그 자신감을 밑거름 삼아 엄마의 행동을 모방해 입 밖으로 말을 끄집어낸다. 그러므로 위에서 말한 놀이는 무게를 가볍게 해 숙제하는 시간이 아닌 소통하는 시간으로 만들어야 한다.

생후 6~12개월
엄마와 함께하는 언어놀이

생후 반년이 지나면 아이들은 혼자서도 앉을 수 있게 되는데, 누워만 있을 때보다 더 넓은 시야로 주변을 탐색한다. 엄마는 이때 아이의 시선을 따라가며 아이가 흥미를 느끼는 물건이나 대상의 이름을 알려주어야 한다. 이 시기 아이들은 최소 50개 이상의 단어를 이해하며 한두 가지의 간단한 지시를 수행할 수 있다. 아이의 이해언어 능력이 높을수록 첫 단어가 빨리 나오고 표현 가능한 단어가 다양해지므로 이는 향후 표현언어 능력의 예측 가능자가 된다.

수용언어를 늘리는 놀이 4가지

돌 전후의 아이가 '의미 있는 단어'를 말하기 시작한다면 언어발달에서 가장 중요한 이정표 중 하나인 '어휘 폭발기'로 접어들었다는 뜻이다. 이 시기에는 일주일에 한두 개씩 새로운 단어를 습득하던 아이들이 하루에 두세 개를 습득한다. 따라서 엄마가 새로운 단어를 적극적이며 지속적으로 말해 주는 게 좋다. 또 그와 동시에 새롭게 습득한 단어를 활용해 간단한 질문을 하는 방식으로 언어를 자극하는 놀이를 하면 더욱 빠르게 단어를 습득한다.

시기	놀이 방법 및 목적
6~8개월	**이해할 수 있는 단어 늘리기** 일상에서 자주 접하는 단어 중 명사(엄마, 아빠, 아이 이름, 맘마 등)와 동사(안녕, 빠이, 주세요, 이리 와, 안아 등)를 이해하는 시기다. 이때는 일상 속에서 아이가 접하는 물건이나 사람 또는 행동을 단어로 자주 들려주면 아이가 이해할 수 있는 단어가 점점 늘어난다. **생활용품 이름 알려주기** 일상에서 쉽게 접하는 물건의 이름을 알려주고, 다양한 상황 속에서 같은 물건을 여러 번 보여주고 이름을 불러준다. 아이가 물건의 이름을 이해하기 시작하면 다음으로 이름을 모르는 물건을 동시에 보여준다. 그러면서 아이가 알고 있는 물건 또는 새로운 물건 중 하나의 이름만을 들려주는 방법으로 사물의 이름을 알려준다.

8~10개월	간단한 지시 따르게 하기 아이 앞에 다양한 물건들을 배열한 후 '○○ 줘, ○○ 주세요'라고 말한다. 맞는 물건을 가져오면 그 물건의 기능을 지시해 잘 수행하는지를 살핀다(공 줘→공 굴려봐, 빠방 주세요→빠방 밀어봐 등). 아이가 지시를 따르지 못하면 물건의 이름과 기능을 알려준다. 또 아이에게 단호한 소리로 '안 돼'라고 말했을 때 하고 있던 행동을 멈추는지도 확인한다. '안 돼'라는 단어를 이해하게 되면, 단호한 목소리나 신체적인 행동을 수반하지 않더라도 행동을 멈출 수 있기 때문이다.
10~12개월	간단한 질문 이해하기 아이와 함께 물건 찾는 놀이를 한다. '○○이 어디 있지?'라고 물으며 아이의 반응을 살핀다. 아이가 말로 표현하지 않더라도 손짓이나 행동으로 가리키면 칭찬을 듬뿍 해준다. 잘하는 아이에게는 질문의 형태를 점점 다양화해 일상에서 자주 사용한다.

표현언어를 늘리는 놀이 4가지

이 시기 아이들은 자기 의사를 전달하려 다양한 몸짓을 사용하며 타인의 짧은 감탄사나 의성어 및 의태어를 모방하기 시작한다. 그러면서 소리를 내기 시작하는데, 잘 들어보면 엄마의 말인 모국어에 들어 있는 자음과 모음으로 이루어져 있음을 알 수 있다. 이게 바로 옹알이다.

말소리를 내려면 호흡 단계와 발음기관을 적절히 조절할

수 있는 능력을 갖추어야 하는데, 이 시기 아이들은 보이지 않는 곳에서 끊임없이 자신의 발음기관을 탐색하며 말하기 위한 준비 운동을 한다.

시기	놀이 방법 및 목적
6~7개월	엄마의 말소리 따라 하기 아이에게 다양한 말소리로 조합된 옹알이를 반복해 들려준다. 완벽하지 않아도 모방 또는 비슷한 옹알이를 할 때마다 엄마가 입 모양을 따라 하거나 고개를 끄덕이는 등 다양한 리액션으로 아이의 옹알이를 강화시킨다(마마, 바바, 따따, 푸푸, 히히 등). 아이는 엄마의 반응에 신나서 엄마의 말에 더 귀를 기울이고 말소리를 따라 한다.
7~9개월	다양한 몸짓으로 놀이하기 새로운 몸짓으로 아이의 행동 모방 능력을 증진시킨다. 아이도 엄마도 이 시기에 함께 재미있게 할 수 있는 놀이 중 하나가 바로 '곤지곤지 잼잼'이나 '까꿍 놀이'다. 엄마가 먼저 두 눈을 자신의 손으로 가렸다가 얼굴에서 손을 떼며 '까꿍'이라고 말한다. 또는 엄마가 아이의 눈을 손이나 수건으로 가렸다가 치우면서 까꿍 놀이를 하는 등 다양하게 시도한다. 또 일상에서 아이와 대화할 때 손뼉을 치거나 손 흔들기, 포인팅(손가락으로 뭔가를 가리키는 행위)하기 등의 몸짓을 자주 보여준다. 몸짓들이 익숙해지면 아이가 자신의 의사 전달에 활용한다. 그리고 아이에게서 다양한 몸짓이 보이면 그에 맞는 적절한 말소리를 함께 들려준다.

9~11개월	**다양한 소리 따라 말하기** 아이와 함께 언어놀이를 할 때 과장된 소리나 감탄사를 사용한다. 아이가 실수하면 '어머, 아이쿠'라고 말하거나 '아야'라고 말하며 아프다는 표현을 한다. 또 자동차, 악기, 소리 나는 장난감이나 동물 소리를 모방하는 것도 좋은데, 아이와 다양한 놀이를 하며 장난감이나 동물 인형이 내는 의성어 및 의태어를 들려준다. 그다음에는 차 소리나 문 닫는 소리, 전화벨 소리, 청소기 소리, 물소리 등 다양한 환경음을 들려준 후 그 소리를 흉내 내 다시 들려준다.
11~12개월	**원시어(초기어) 말하기** 의미 있는 첫 단어를 말하기 전에 나타나는 단어와 비슷한 말을 원시어(초기어)라고 한다. 아이가 스스로 말하는 원시어를 듣고 그것이 의미하는 단어를 말해 준다. 단어의 이름을 단순화된 형태로 발음(물-〉무, 컵-〉커)하더라도 그에 맞는 단어를 다시 반복해 말해 준다.

아이가 그저 천장만 멀뚱멀뚱 쳐다보거나 손에 침을 듬뿍 묻히며 누워만 있던 시기를 넘어 6개월 정도가 되면 아이뿐만 아니라 엄마의 활동 반경도 자연스레 넓어진다. 온 집안을 기어 다니며 헤집기 때문이다.

이처럼 아이가 접하는 외부 환경이 넓어지면 보는 만큼이나 들려줘야 할 단어들도 다양해진다. 하지만 일상 속 단어들의 실물을 모두 보여줄 수는 없으므로 다양한 시각 자료를 난이도에 따라 순서를 달리해 보여주는 게 좋다. 예를 들면, 어떤 단어에 해당하는 사물의 이름을 연결하기 위한 첫 단계로 실제 사물을 보여주고, 그다음에는 실제 사물과 가장 비슷한 선명한 컬러 모형을 보여준다. 그다음에는 실제 사물을 찍은 컬러 사진, 그다음은 흑백 사진, 마지막으로 그림을 보여주는 식이다. 전부 하나의 단어를 가리키는 시각 자료라도 아이는 그것들을 통합할 능력을 갖춰야 모두 하나의 단어로 인지할 수 있다. 따라서 엄마가 언어를 자극할 때는 쉬운 자료부터 보여줌으로써 아이에게 부담을 주지 말아야 한다.

또 한 단어에 대해 한꺼번에 너무 많은 정보를 주면 아이는 오히려 혼란스러워한다. 큰 공을 보여주며 '공'이라고 말하고, 조금 뒤 아주 작은 공을 보여주면서 '이것도 공이야'라고 말한다면 아이는 어떨까? '공'이라는 단어를 이해하는 데 어려움을 느낄 수 있다. 새로운 사물에 대한 단어를 습득하게 하려면 아이가 그 사물을 충분히 이해하기 전까지는 동일한 자극물로 일관되게 알려주어야 한다. 그런 다음 여러 가지 다양한 시각 자료들로 단어의 개념을 확장해 주는 방식이 아이의 언어발달에 좋다.

아이들은 말하기 전에 비언어적인 능력을 활용해 의사를

전달하는 시기를 거친다. 대표적인 행동이 손을 흔들어 인사하거나, 고개를 흔들며 거부하거나, 손가락을 세워 필요로 하는 물건이나 대상을 가리키는 것이다. 이 같은 제스처는 아이들마다 다르긴 하지만 다양하게 습득할수록 표현능력이 좋아진다.

또한, 이 시기에는 의성어와 의태어를 잘 받아들이므로 새로운 단어를 빠르고 쉽게 알려주려면 그 대상에게서 나는 소리를 그대로 따라서 말해 주는 게 효과적이다. 동물이라면 처음부터 '강아지, 고양이, 돼지' 하며 이름부터 알려주기보다 '멍멍이, 야옹이, 꿀꿀이'라는 의성어를 먼저 들려줘야 기억하기 쉽고, 따라 말하기 쉽다는 얘기다. 사물의 모습이나 움직임을 흉내 내는 '의태어'도 마찬가지다. 자주 들려주면 새로운 단어 학습에 큰 도움이 된다. '반짝반짝, 송알송알, 엉금엉금' 등 아이들이 좋아하는 동요의 가사 절반 이상이 의성어나 의태어로 되어 있는 이유도 그 때문이다. 아이들이 새로운 단어를 쉽고 빠르게 습득하려면 이 같은 학습을 쉽고 다양한 놀이로 많이 접해야 한다.

생후 12~18개월
엄마와 함께하는 언어놀이

옹알이란 발음기관들을 탐색하며 조절하는 과정에서 나타나는 소리로 의미가 담기지 않은 말이다. '다다다, 마마마'처럼 1음절의 단순 반복으로 시작해 '맘마마, 바다다' 등 음절이 조합된 형태로 발달한다. 반면, 원시어는 일관된 상황에서 특정 대상을 지칭하는 걸 말한다. 엄마가 주는 이유식을 볼 때마다 '마'라고 하거나, 물을 마시고 싶을 때마다 '무'라고 하는 말은 1음절 옹알이처럼 들리지만, 실은 단어를 말하기 전에 나타나는 원시어다.

다양한 원시어를 말하는 아이에게 언어자극을 줄 때는 사물 등 대상의 이름을 말해 주는 것이 좋으나, 앞서 누누이 말했듯 엄마의 말을 똑같이 따라 말하라고 강요해서는 안 된다. 이 시기는 아직 완벽하게 발음할 만큼의 조음능력을 갖추지 못한 상태로 각각의 자음은 발음이 가능하지만, 엄마처럼 발음기관을 조절해 자음과 모음을 순서대로 조합하는 능력은 부족하기 때문이다.

'첫 단어'를 말하려면 아이들은 하나의 사물에 하나의 이름이 연결되어 있음을 이해해야 할 뿐만 아니라 자음과 모음을 배열해 그 단어를 소리 나는 순서대로 '발음'하는 능력을 갖추어야 한다. 그리고 그 바탕이 되는 것이 바로 '옹알이'와 '원시어'다. 그러므로 엄마는 현재 아이의 말을 주의 깊게 관찰해 옹알이인지 원시어인지 파악하고 그에 맞춰 언어를 자극해야 한다.

수용언어를 늘리는 놀이 4가지

이 시기 아이들은 한두 개 단어밖에는 말하지 못한다. 하지만 내면에는 표현하는 단어의 몇 배 혹은 몇십 배가 장착되어 있다. 쏟아져 들어오는 단어들을 담아 놓은 '심성어휘집(mental lexicon, 말하는 사람의 머릿속 단어 사전)'을 갖고 있는 것이다. 엄마는 아이가 그 복잡한 단어들을 범주로 나누어 묶을 수 있도록 정리해 주어야 한다. 어휘집 안에 각각 다른 방을 만들어 그 속에 같은 범주에 속하는 단어들을 차곡차곡 쌓게 해야 한다.

언어의 발달은 말소리, 즉 언어로 제시된 정보들을 저장하고 산출하는 청각기억능력(auditory working memory)과 관계가 밀접한데, 이 능력은 심성어휘집에 담긴 단어들을 증가시키면서 자꾸 들려줄 때 확장된다. 그렇게 함으로써 이해언어 능력이 발달하면 길고 복잡한 문장으로 지시를 해도 따를 수 있게 된다.

시기	놀이 방법 및 목적
12~15개월	**범주어 이해시키기** 아이가 알고 있는 이해어휘들을 범주어로 묶어주는 놀이다. 과일 그림 카드나 사진들을 나열한 후 엄마가 과일 이름을 말해 아이가 그 카드를 가져오게 함으로써 단어를 이해하고 있는지 확인한다. 카드 가져오기가 끝나면 '딸기, 사과, 바나나, 수박은 모두 과일'이라고 말해 범주어를 이해시킨다.
16~18개월	**두 가지 이상의 지시 따르게 하기** 간단한 지시 따르기를 넘어 점차 복잡하고 다양한 지시를 따를 수 있도록 하는 놀이다. 전에는 하나씩 가져왔던 사물을 합쳐 '숟가락이랑 컵 가져와', '크레파스 가져와서 색칠해'라고 말해 두 가지를 가져오게 시키거나, 가져온 사물을 행동으로 표현하도록 한다. **신체, 의류 관련 단어 알려주기** 아이와 '코코코 눈, 코코코 입' 게임을 반복하면서 단어를 듣고 그에 맞는 자기 신체 부위를 가리키는 놀이를 한다. '머리 어깨 무릎 발 무릎 발' 노래에 맞춰 아이의 신체 부위를 직접 만져가며 알려주는 것도 좋으며, 같은 방법으로 '티셔츠, 바지, 양말, 팬티, 점퍼' 등의 의류 관

	런 단어도 알려준다. 또 옷을 입히고 벗길 때 '바지 벗자, 양말 신자' 등의 문장을 반복적으로 들려줌으로써 일상에서 자연스럽게 단어를 익힐 수 있도록 한다.
16~18개월	**'나'와 '너' 알려주기** 아이에게 타인의 이름이나 호칭을 이야기할 때 인칭대명사도 함께 알려주는 놀이다. 간식을 먹을 때나 인형으로 역할극을 할 때 '내가 먹을래', '나도 줘', '너도 같이 먹자', '너도 먹어'라는 등 인칭대명사를 함께 들려준다.

표현언어를 늘리는 놀이 3가지

아이가 머릿속에 심성어휘집을 알록달록하고 튼튼하게 지으려면 새로운 단어를 반복해 들어야 하고, 그 단어가 쓰이는 상황들을 예측할 수 있어야 하며, 자발적으로 그 단어들을 말할 기회를 곳곳에서 만나야 한다. 그러려면 일상에서 아이에게 익숙해진 어휘들이 등장하는 순간순간 엄마는 이야기를 멈추고 아이를 쳐다보거나, 일부러 물건의 이름을 틀리게 말함으로써 아이가 말을 하도록 유도하는 게 좋다. 이때 정확한 발음이나 따라 말하기를 자꾸 요구하면 아이가 자발적으로 말하기를 부담스러워할 수 있으므로 자제한다. 그러다 차츰 두 돌에 가까워질수록 아이들은 말할 수 있는 자음이 많아질 뿐만 아니라 소리도 점점 명료해진다. 또 표현 가능한 단어의 수가 늘어나면서

169

단어끼리의 조합도 시도한다.

시기	놀이 방법 및 목적
12~14개월	단어 말하게 하기 I 자주 듣는 단어를 스스로 쉽게 말할 기회를 아이에게 가능한 한 많이 만들어준다. 규칙화된 일상에서 둘 중 하나를 선택하게 하거나 아는 단어를 말하도록 질문하는 방법이 좋다. 예를 들면, 아이에게 과일을 주면서 '뭐 먹을까?'라고 질문하고 기다린다. 대답을 못하면 '사과 줄까? 딸기 줄까?'라고 물어 아이가 주어진 보기를 선택해 대답할 기회를 준다. 단어를 말해야 하는 상황에서 몸짓을 쓰면 단어로 의사를 표현하도록 유도한다. 자신이 원하는 물건을 가리키는 포인팅 제스처를 했을 때는 '뭐 줄까? 이름을 말해 줘'라며 말로 표현할 기회를 만들어준다.
14~16개월	단어 말하게 하기 II 역할놀이를 하며 '안녕', '먹어', '잘 자', '빠이' 등 행동을 명령하는 단어들을 말하거나 그림이나 물건을 사용해 이름 말하기 등을 한다. 또 아이에게 익숙한 노래를 부르다 아이가 아는 단어가 나오면 순간 멈추고 아이가 노래를 이어갈 수 있도록 하는 식으로 노래를 부른다. 단어 말하게 하기 III 일상에서 접하기 쉬운 단어나 아이가 발음하기 쉬운 단어를 범주별로 정리해 많이 들려주고, 말로 표현할 기회를 최대한 자주 준다.

14~16개월	• 가족 : 엄마, 아빠, 누나, 언니, 오빠, 형 등. • 장난감 : 빠방(차), 책, 공, 딸랑이 등. • 신체 부위 : 머리, 눈, 코, 입, 귀, 손, 발 등. • 의류 : 바지, 양말, 모자, 잠바, 장갑 등. • 음식 : 밥, 빵, 까까, 우유, 딸기, 사과 등. • 장소 : 방, 집, 공원, 화장실, 병원 등. • 동사 : 먹다, 자다, 앉다, 씻다, 가다 등.

규하를 키우며 내가 가장 많이 한 말은 '선택형 질문'이다. 엄마 말에 집중이 가능해지고 몇 개의 단어들을 이해한다고 판단되었을 때 아이에게 모든 선택권을 넘겼다. 이는 쉽고 간단하게 아이의 대답을 끌어내는 좋은 방법이다. 밥 먹일 때를 예로 들면, 색이 다른 두 개의 숟가락을 준비해 '노랑 줄까, 빨강 줄까?'라고 물어 두 개 중에서 하나를 고르게 했고, 장난감도 항상 두 가지를 보여주고 그중 하나를 고르도록 했다. 이처럼 질문을 듣고 둘 중 하나의 이름을 말하도록 하는 동시에 아이에게 선택권을 줌으로써 뭔가를 스스로 결정하는 데 익숙해지도록 했다.

아이는 그렇게 자신이 알고 있던 단어와 함께 새로운 단어를 들으면 자신이 아는 단어와 연결된 사물이 아닌 다른 사물과 새로운 단어를 연결한다. 그리고 이는 새로운 단어 습득에도 큰 도움이 되며, 짧은 시간 안에 새로운 단어들을 폭발적으로 배우는 데 있어 기반이 된다.

돌 즈음의 아이들은 1년 동안 엄마를 비롯해 다양한 사람들의 말소리를 들으며 듣기능력을 갖춘다. 그러다 돌이 지나면 의사소통 방식이 몸짓을 넘어 점차 말로 바뀐다. 따라서 그 시기에는 아이들 내면에 쌓인 단어들을 범주화해 정리해 주고, 정리된 단어들을 규칙적이고 예측 가능한 일상의 상황에서 적절하게 말할 기회를 주어야 한다. 단, 매일 혹은 매 순간 새로운 단어를 들으면 혼란스러울 수 있으므로 일주일에 3개 정도 들려주는 게 좋다. 이 시기에 엄마가 아이에게 자연스럽게 말할 기회를 얼마나 많이 주는가에 따라 아이의 언어가 날개를 달 수도 있고, 입을 꾹 다물 수도 있다.

생후 18~24개월 엄마와 함께하는 언어놀이
-아이 말에 날개 달기 1

아이가 이전까지 자주 사용했던 몸짓이 아닌 말로 의사표현을 했다면 바로 따라 하거나 말하는 물건 또는 대상을 제공해야 한다. 아이는 그런 상황을 반복해 경험하면서 몸짓보다 말이 자신의 의사를 더 빨리 전달한다는 걸 알게 된다.

그 시기가 되면 엄마는 아이의 말 능력이 일취월장하도록 날개를 달아주어야 하는데, 그중 하나가 엄마의 질문에 대답하기를 어려워할 때 아이가 말해야 하는 단어의 첫 글자를 엄마가 말해 주는 '운 띄우기'다. 이는 아이가 머릿속에서 목표 단어를 조합하는 데 힌트가 되며, 아는 단어였는데 갑자기 생각이 나지 않았다면 심성어휘집 속에서 빠르게 찾아내게 만든다.

말로 의사를 전달한다는 것은 기존에 편하게 사용해 왔던 몸짓이라는 표현방식을 바꾼다는 뜻으로, 갑자기 바꾸기는 아이로서는 무척 부담스러운 일이다. 따라서 엄마는 말하기에 대한 아이의 부담을 줄여주어야 한다. 만약, 질문을 한다면 대답을 요구하기보다 먼저 '보기'를 말해 주고 선택하도록 해야 한다. 보기로는 상황과 많이 동떨어진 단어 하나와 목표 단어를 함께 말해 줌으로써 목표 단어를 빨리 말할 수 있게 만들어주어야 한다.

아이 입을 다물게 만드는 엄마의 반응

아이에게 말하기를 유도할 때 가장 안 좋은 방법이 '따라 말하기'를 강요하는 일이라고 말했다. 아직 발음이 완전치 못한데 똑같이 따라 하기를 요구하면 아이는 큰 부담을 느끼기 때문이다. 이때 좋은 방법은 '한 번 더 들려주기'와 위에 언급한 '첫 글자 말해 주기'다.

'따라 말하기'와 '한 번 더 들려주기'는 비슷해 보이지만 다르다. '따라 말하기'는 단어를 들려준 뒤 따라 해보라거나 따라 말할 때까지 기다리며 아이의 반응을 요구한다. 반면, '한 번 더 들려주기'는 아이에게 어떠한 반응도 요구하지 않으면서 적절한 때에 단어를 한 번 더 들려줌으로써 자연스럽게 상황을 이어간다. 사소한 차이 같아도 아이가 받는 스트레스는 차이가 크다.

엄마는 또 자신의 언어뿐만 아니라 비언어적인 부분, 즉 아이가 하는 말을 듣는 순간의 눈빛, 표정, 몸짓 등에도 신경을 써야 한다. 그리고 아이가 말할 때마다 미소를 짓거나 크게 고개를 끄덕이는 등 '어떤 말이라도 괜찮아'라는 분위기를 연출함으로써 엄마의 비언어적인 반응이 아이에게는 즐거운 경험이 되어야 한다.

중요한 건 발음이 틀리든, 목표 단어와 전혀 상관없는 단어를 말하든 엄마의 질문을 듣고 자기 차례에 언어로 뭔가를 표현했다는 점이다. 이 시기에는 아이의 오답보다 의사소통의 수단이 몸짓에서 말로 전환되었다는 점에 주목해야 한다.

표현 가능한 단어의 수가 최소 50개 정도 되면 아이들은 그것들을 모아 퍼즐 조합하듯 머릿속에서 하나둘씩 붙여 새로운 문장을 만들기 시작한다. 이때 나타나는 문장을 '전보식 문장' 또는 '전보체'라고 하는데, '조사'가 포함되지 않은 명사 혹은 동사로 만들어진 짧은 문장을 말한다.

전보식 문장은 겉으로는 아무 의미 없이 나열한 듯 보이지만 비밀이 숨겨져 있다. 의미가 담긴 각각의 단어들이 앞뒤로 연결되어 새로운 의미를 만들어내면서 자신의 의도를 보다 정확히 전달할 수 있도록 돕는다는 사실이다. 이는 단어와 단어의 연결에 '의미 관계'가 존재한다는 사실을 이해하게 된다는 뜻으로 발달순서와 나이에 따라 사용 언어와 빈도가 달라지는데, 만 2세 즈음에선 다음의 말들이 빈번하게 나타난다.

만 2세 즈음에 70% 이상이 사용하는 두 단어 의미 관계 표현	대상+행위 : 빵 먹어, 물 마셔, 밥 줘 실체+서술 : 이건 컵이야 배경+행위 : 이리 와, 여기 놔
만 2세 즈음에 50% 이상이 사용하는 두 단어 의미 관계 표현	행위자+행위 : 나 줘, 내가 해 용어 수식+행위 : 빨리 가자, 많이 줘 경험자+서술 : 내가 먹었어

이 시기 아이들에게서 자주 나타나는 의미 관계의 형태를 알아두면 엄마가 언어를 자극할 때 어떤 말을 해줘야 하는지 감을 잡을 수 있다. 간혹 아이의 언어 수준을 고려하지 않은 채 긴 문장이나 복잡한 의미 관계가 포함된 문장을 나열하면서 이야기보따리를 던지는 엄마들이 있다. 이런 언어자극들이 모두 아이를 그냥 지나쳐 사라지는 건 아니나 아이가 그 말을 이해하기에는 아직 준비가 안 된 상태라는 걸 알아야 한다.

아이의 이해언어 능력을 높이면서 엄마와 대화를 주고받는 '핑퐁 대화'를 하려면 아이의 언어능력을 고려해 이해 가능한 선에서 문장을 말해야 한다. 길지 않아도 된다. 한 마디라도 한 번씩 주고받았다면 그 또한 '핑퐁 대화'다. 아이들이 자주 쓰는 의미 관계 유형의 짧은 문장으로 언어를 자극하면 아이들은 엄마가 말하는 새로운 말들을 더 쉽게 모방한다.

수용언어를 늘리는 놀이 3가지

두 돌이 되면 명사, 동사 등 아이들이 알고 있는 이해어휘가 점차 증가하는데, 이때 여러 가지 놀이를 통해 단어들을 다양한 범위로 확장해 주어야 한다.

시기	놀이 방법 및 목적
18~22개월	**복잡한 지시 따르게 하기** 아이가 해야 할 두 가지의 행동을 담아 아이에게 말한다. 지시어는 독립적이고 간단한 게 좋다. 예를 들면, '숟가락을 가져와서, 상 위에 놓으세요' 또는 '냉장고를 열고, 우유를 꺼내요' 등 구체적이고 자연스러운 지시어(2단계)를 말한다. **사물과 그림 연결하기** 아이가 알고 있는 단어의 그림을 보여주고 실제 사물을 가져오도록 유도함으로써 사물과 그림을 연결시켜 준다. 이 놀이를 통해 아이들은 단어와 실제 사물, 사진, 컬러 그림, 선 그림 등이 모두 하나의 이름으로 불릴 수 있다는 사실을 이해한다.

23~24개월	다양한 동사 알려주기 동사의 행위를 아이가 직접 경험하게 함으로써 그림으로 설명되지 않는 동사의 의미를 쉽게 이해시킨다. 예를 들면, '일어나, 앉아, 손뼉 쳐'라고 말하면서 아이와 함께 동작을 수행한다. 또 아이가 이미 알고 있는 사물과 연결해 '곰 인형 가져와', '곰돌이, 앉아'라거나 '곰돌이 냠냠 밥 먹자'라고 말하며 동작을 함께 보여주면서 동사를 알려준다.

표현언어를 늘리는 놀이 4가지

이 시기 아이들은 최소 50여 개 이상의 단어를 말할 수 있으며, 알고 있는 단어를 하나둘씩 붙여 문장을 말하기 시작한다. 처음에는 '명사+명사' 형태의 문장이었다가 '명사+동사', '소유자+명사', '소유자+동사' 등 다양한 형태로 문장이 발전한다.

시기	놀이 방법 및 목적
18~20개월	문장으로 말하게 하기 I 간단한 의문사를 넣어 질문해 아이에게 자신이 하고 있는 행동을 두 단어 문장으로 말하도록 한다. 예를 들면, '지금 뭐 해?', '뭐 먹어?', '누가 할까?'라고 질문해 아이가 '빠방 가', '우유 먹어', '내가 할래'처럼 대답할 기회를 준다. 만약 한 단어로 말하면 나머지 단어를 붙여 두 단어로 된 문장을 들려준다.

20~22개월	**문장으로 말하게 하기 II** 아이가 문장을 만들기 시작할 때 처음 보이는 두 단어 문장의 형태 중 '대상+행위'로는 '까까 줘', '물 먹어' 등이 있고, '소유자+소유'로는 '내 거', '내 손' 등이 있다. 이처럼 조합된 단어를 말하게 하려면 일상에서 아이에게 짧은 문장으로 대답할 기회를 다양하게 만들어주어야 한다. 이때 아이의 부담을 줄여주기 위해 문장 뒤에 '뭐 줄까?', '뭐 먹어?', '누구 거야?' 등을 포함해 질문하는 게 좋다.
22~24개월	**자기 이름 말하기** 아이에게 자기 이름을 말할 기회를 준다. '이름이 뭐예요?'라고 물은 다음 이름을 알려주고 대답하도록 유도한다. 또 사진을 보여주거나 거울 앞에서 아이와 얼굴을 마주하며 '이게 누구야?'라고 질문한다. 평상시 아이의 이름을 많이 들려주고 아이가 자신의 이름을 말하도록 유도하는 게 좋다. **소유대명사 사용하기** '나'와 '너'라는 소유대명사를 알려주는 놀이다. 아이와 마주보고 앉아 '내 눈, 네 눈(너의 눈)'이라고 말하고, 옷을 입히며 '내 팔, 네 팔/내 바지, 네 바지'라고 말한다. 나의 것과 너의 것을 구분하도록 하려면 '소유자+소유'의 문장을 말하도록 유도해야 하는데, 그러려면 '내+신체 부위', '네+신체 부위' 형태의 단어를 반복해서 말해주는 게 좋다.

신비롭게도 아이는 태어나기 전부터 엄마와 많은 것을 공유한다. 그러던 엄마는 탯줄을 끊으며 '나'와 '너'를 분리하지만 아이는 태어난 후에도 몇 년 동안이나 엄마와 자신을 동일시하며 그 관계를 유지한다.

규하는 혼자 힘으로 앉기 전까지, 아니 그 후에도 나와 잠시라도 떨어지면 자지러지게 울면서 나를 찾았다. 그러다 내 냄새를 맡거나 목소리를 듣고 나서야 울음을 삼키며 내 품으로 파고들었다. 자신을 지켜주는 포근한 안식처였던 엄마 뱃속에서 갑작스럽게 떨어져 나와 세상과 마주하게 된 아이가 할 수 있는 최선이었으리라 생각된다.

아이는 엄마와 자신을 동일시했던 삶의 방식에서 차츰 인지능력을 갖추면서 엄마를 타인으로 인식해 나간다. 자신을 하나의 독립적인 개체로 받아들이고, 자신과 동일시되었던 '엄마'를 분리하면서 점차 '나'와 '너', '나의 것'과 '너의 것'을 구분한다. 이처럼 엄마를 타인으로 인식하기 시작해야 완벽하지는 않더라도 '소유자+소유'의 개념을 이해하고 '내 거야'라는 말을 할 수 있게 된다.

온종일 울어대던 규하를 들쳐 안고 집안 곳곳을 서성이며 시간이 빨리 지나가기만을 바라던 시절, 그 시기를 거친 엄마들은 모두 나에게 이렇게 말했다.

"그때가 제일 이쁠 때야. 안아줄 수 있을 때 많이 안아 줘."

그 당시에는 그냥 하는 소리겠거니 했는데 시간이 흐르고 나니 그 말이 절실히 이해되었다. 그 말이 맞았다. 인생을 통틀어 가장 이쁘고, 가장 많이 안아줄 수 있는 때가 그때였다. 지금 이 글을 쓰는 중에도 처음으로 규하가 '규하 거'라고 말하던 순간의 모습이 떠오른다. 규하가 자신과 나를 분리하는 말을 하기 시작하니 허전하기까지 했던 그때가⋯⋯.

알려주지 않아도 스스로 자신만의 영역을 구축하고 자신만의 언어를 만들어가는 아이들은 생각보다 훨씬 빠르게 성장해가면서 독립을 준비한다. 엄마는 하루가 다르게 커가는 아이 모습에 아낌없는 박수를 보내는 동시에 생각지도 못했던 어느 순간에 독립된 아이를 마주할 마음의 준비를 해야 한다.

생후 24~30개월
엄마와 함께하는 언어놀이
-아이 말에 날개 달기 2

수용언어를 늘리는 놀이 2가지

개인차는 있지만, 아이들은 이 시기에 많은 이해어휘를 확보한다. 따라서 이때 사물의 기능 및 크기를 이해할 수 있는 단어 등으로 언어를 자극하면서 단어들을 범주별로 묶어주고 상위 어휘와 하위 어휘의 개념을 알게 해줌으로써 이해어휘를 더욱 많이 늘리도록 해야 한다.

시기	놀이 방법 및 목적
24~27개월	**물건 기능 알려주기** 익숙한 장난감, 음식, 옷 등 사물의 기능을 익히도록 돕는다. 먹는 것과 입는 것, 노는 것 등 사물을 범주별로 묶고 그 기능까지 알려주는 놀이다. 예를 들면, 티셔츠와 바지, 팬티, 양말, 잠바, 목도리, 장갑 등 의복 관련 어휘를 알려주고, 옷을 입히면서 '손이 시리지 않게 장갑을 끼자'라고 말하거나, '신발을 신기 전에 양말을 신자'라고 말하며 언어를 자극한다. 엄마 : 우리 놀이터에 가서 놀까? 아이 : 응, 놀이터 가자 엄마 : 옷 다 입었어? 그런데 밖에 너무 춥다. 손이 시리지 않게 장갑을 끼자. 아이 : 응, 손 시려. 장갑 끼자.
27~30개월	**크기의 개념 알려주기** 같지만 크기가 다른 두 개의 물건을 보여주고 '큰 자동차, 작은 자동차'라고 말하며 크기의 개념을 알려준다. '크다, 작다'의 개념을 이해하지 못한 단계에서는 큰 인형에게는 큰 신발을, 작은 인형에게는 작은 신발을 준비해 신기게 하는 방식으로 크기의 차이를 단어로 이해할 수 있도록 돕는다. 엄마 : 어머, 저기 큰 트럭 간다. 봤어? 아이 : 어디? 엄마 : 저기 작은 트럭 바로 앞에 큰 트럭 있어. 보여? 작은 트럭 앞에 큰 트럭. 아이 : 응. 큰 트럭 간다.

표현언어를 늘리는 놀이 2가지

어휘 폭발기를 거치며 표현할 수 있는 어휘가 증가한 아이들은 자기가 알고 있는 단어들을 나열해 문장을 만든다. 엄마는 이때 아이들이 쉽게 이해하고 흡수할 수 있는 문장을 활용해 다양한 의문사 질문을 해주는 게 좋다.

시기	놀이 방법 및 목적
24~27개월	긴 문장으로 말하기 개인차는 있으나 아이들 90% 이상은 18개월 전후에 어휘 폭발기를 거치면서 표현어휘의 수가 증가한다. 이 시기 아이들은 표현 가능한 단어의 수가 50여 개 전후가 되고, 자기가 아는 단어들을 붙여 문장으로 말할 수 있다. 따라서 역할놀이를 할 때 또는 일상에서 의미 관계를 담은 2~3개 단어를 활용해 문장으로 된 대화를 유도한다. 예를 들어, '소유자+소유'의 의미 관계가 들어 있는 '아기 양말', '엄마 신발'이라는 문장을 들려주며 옷을 입히거나 신발을 신긴다. 또 인형을 가지고 역할놀이를 하면서 '행위자+행위'의 의미 관계를 담아 '엄마 먹어', '아빠 일어나', '○○ 씻자' 등 상황에 맞는 행위를 표현하는 문장으로 대화한다. 엄마 : (역할극을 하며) 우리 엄마랑 아빠랑 같이 소풍 갈까? 아이 : 좋아. 소풍 가자. 엄마 : 그래, 그럼 엄마는 김밥을 쌀게. 규하는 아빠랑 씻고 옷 입을래?

	아이 : 응. 아빠랑 씻어.
	엄마 : 아빠한테 양치하게 '규하 칫솔 주세요' 해.
	아이 : 규하 칫솔 주세요.
27~30개월	의문사로 질문하기 아이와 함께하는 모든 시간에 의문사 질문하기로 대화를 유도한다. 이 시기 아이들에게는 단답형으로 대답이 가능한 '무엇, 누구, 어디' 같은 의문사를 주로 써야 한다. '언제, 어떻게, 왜'라는 의문사는 추상적인 사고능력을 갖춘 후에야 대답할 수 있으므로 아이가 대답하는 데 부담을 줄여주려면 '무엇, 누구, 어디' 같은 의문사로 간단하고 이해하기 쉬운 질문부터 시작하는 게 좋다. 단, 아이에게 건네는 말이 질문으로 시작해 질문으로 끝나서는 안 된다. 왜냐하면, 아이에게 엄마와의 대화는 자기 생각을 온전하게 표현하는 소통의 시간이 되어야 하는데, 대화가 엄마의 질문으로 시작해 질문으로 끝난다면 아이는 테스트(test)처럼 느껴 긴장하기 때문이다. 또 한두 번 같은 질문을 했을 때 아이가 대답하지 않으면 엄마가 아이의 대답을 대신하는 식으로 상황을 넘겨야 한다. 반응하지 않는 아이에게 대답을 유도한다며 따라 말하기를 강요하면 아이는 엄마와의 대화에 질려 버린다.

이 시기 아이들의 이해언어 능력을 높이려면 하나의 개념에 대한 끊임없는 연결고리에 주목해야 한다. 아이들은 단어에 대한 개념을 이해할 때, 처음에는 상위 언어 또는 가시화된 큰 덩어리로 받아들인다. 그러다 인지능력이 발달하면서 하나

의 단어 안에도 세부적으로 나뉘는 개념이 포함되어 있다는 사실을 이해한다. 단어 간의 상하 구조나 범주의 개념들을 이해하기 시작한다는 뜻이다. 그러므로 이런 능력이 갖춰지는 시기에는 마치 '마인드맵'처럼 중심이 되는 단어를 가운데 두고 거미줄 치듯 다양한 단어들을 연결해 주어야 한다. 이러한 과정을 통해 아이들은 중심 단어가 범주어가 된다는 걸 이해하고 상위 개념과 하위 개념을 학습한다. 어떤 단어를 사용해 말을 하려면 목표로 하는 말을 온전히 이해할 수 있을 만큼의 인지능력과 그 말 사용이 가능한 상황, 목표한 말소리를 발음할 수 있는 능력을 갖추어야만 된다는 얘기다.

다음으로 표현언어 능력을 높이기 위해서는 '언어의 붕어빵 틀' 만들어주기에 주목해야 한다. 이 시기에는 보통 단어 두세 개를 조합한 짧은 문장으로 질문하고 대답을 유도하는데, 짧은 문장임에도 아이가 이해하지 못할 때가 많다. 쉽게 말한다며 문장은 짧게 했으나 대답하기는 어려운 질문이었기 때문이다.

이때의 아이들에게 적절한 질문은 '무엇, 누구, 어디'라는 의문사가 포함된 '이게 뭐야?', '저 사람은 누구야?', '여기 어디야?' 같은 문장이다. 아이들은 이런 형식의 질문을 들으면 '까까', '아빠', '가게'라고 한 단어로 간단하게 대답하거나, 엄마가 말한 문장 틀을 이용해 '이건 까까', '저 사람은 아빠', '여기 가게'라고 대답할 가능성이 크다.

반면, 의문사라도 '언제 갈까?', '어떻게 하지?', '왜 그래?' 처럼 질문하면 대답하기 어렵다. '인과 관계의 개념', '추론적인 사고' 등 인지발달이 선행되어야 가능하기 때문이다. 눈치가 빠른 아이라면 질문의 의도를 알아채고 머릿속에서 끊임없이 단어들을 붙였다 뗐다 할 수는 있으나 대부분은 적절한 단어들을 나열하는 능력이 부족해 입 밖으로는 내뱉지 못한다.

또 여러 가지 의미 관계를 담기보다는 의미 관계가 하나인 문장을 다양한 단어로 바꿔 말하면서 언어를 자극하는 게 언어 발달에 효과적이다. 이 시기 아이들이 이해하기 쉬운 의미 관계는 '소유자+소유', '행위자+행위'의 형태이므로 일상에서 이를 다양하게 활용해야 한다. 예를 들면, 아침에 일어나 옷을 갈아 입히며 '우리 규하 팔', '우리 규하 바지'라고 말하거나, 아침을 먹으면서 '규하 거 포크', '엄마 거 포크', '규하 거 작은 밥그릇', '아빠 거 큰 밥그릇'이라고 말한다. 혹은 출근하는 아빠와 인사 하면서는 '아빠 잘 가', '아빠 안녕'이라고 말하고, 아이와 그림을 그릴 때는 '규하 하트 그려', '엄마 색칠해' 하고 말한다. '소유자+소유'는 '사람' 다음에 '사물'을, '행위자+행위'는 '사람' 다음에 행위를 나타내는 동사를 붙이기만 하면 된다.

쉴 새 없이 떠들며 언어의 날개를 활짝 펼치는 이 시기 아이의 언어는 엄마의 언어 자극만으로도 크게 발달한다. 그리고 가장 효과적인 언어자극 방법은 현재 아이의 언어 수준에 도움이 되는 말들을 적재적소에 제공하는 일이다. 아이의 내면에는 적어도 표현어휘의 5배 이상의 단어가 존재하며, 이해언어 능력이 탄탄하게 자리잡을수록 표현언어 능력이 더욱 활기를 띤다는 걸 명심해야 한다.

생후 30~36개월
엄마와 함께하는 언어놀이
-아이 말에 날개 달기 3

수용언어를 늘리는 놀이 3가지

이 시기가 되면 아이들은 명사와 동사뿐만 아니라 형용사와 부사는 물론 대명사까지도 이해할 수 있다. 또 단어와 단어 사이의 관계를 알아 반대 개념 등 상대성을 내포하는 단어들을 이해하며, 복문의 지시어를 듣고 그 순서에 맞는 지시 따르기가 가능하다.

시기	놀이 방법 및 목적
30~33개월	형용사 알려주기 '예쁜', '차가운', '짧은'처럼 상태를 나타내는 형용사를 알려주려면 말로만 설명하기보다 적절한 상황과 연결해 이해를 도와야 한다. 예를 들면, 아이와 역할놀이를 하면서 차가운 얼음과 뜨거운 물 혹은 길거나 짧은 막대 사탕 등을 활용해 목표하는 형용사를 들려준다. 몇 개를 이해하고 나면 아이가 알고 있는 형용사에 반대되는 개념의 단어도 연결해 알려준다. 엄마 : (얼음을 만지며) 앗, 차가워! 이게 뭐야? 아이 : 이게 뭐야? 엄마 : 너무 차갑다. 이건 얼음이야. 차가운 얼음.
33~36개월	위치어 알려주기 아이가 좋아하는 장난감을 책상 아래나 침대 위에 올려놓고 함께 숨바꼭질 놀이를 한다. 장난감이 어디에 있는지 계속 묻기보다는 아이가 장난감을 찾을 때 장난감이 놓여 있는 곳, 즉 위치어를 강조하면서 문장을 말하는 게 좋다. 엄마 : 자동차가 어디 갔지? 책상 위에 있나? 　　　아니면 침대 아래 숨어 있나? 　　　아, 침대 아래 꼭꼭 숨어 있었네. 3단계의 복잡한 지시 사항 따르게 하기 한 문장 안에 아이의 행동을 유도하는 지시어 3가지 혹은 4가지가 들어간 복문 형태의 문장을 들려주고 정확하게 수행하는지 확인한다. 이때 엄마가 쓰는 문장 내의

	단어들은 아이가 이미 알고 있는 단어들이어야 한다. 엄마 : 안방에 가서 옷장 문을 열고 바지 하나 가져오세요.

표현언어를 늘리는 놀이 3가지

이 시기에는 전보다 문장을 길게 표현할 수 있다. 세 단어 이상 조합된 문장이 가능하며 '은, 는, 이, 가' 같은 주격조사가 들어간 완벽한 문장을 말하기도 한다. 동사의 형태도 현재형과 과거형 등을 자유롭게 바꿔 사용하며, 대부분의 자음을 정확하게 발음할 수도 있다.

시기	놀이 방법 및 목적
30~33개월	여자, 남자 구분해 말하기 아이에게 성별의 개념을 알려준다. 아이와 함께 책을 보며 아이와 같은 성별을 말해 준다. 또 '엄마는 여자고 아빠는 남자야. 그럼 규하는 여자야 남자야?', '진우는 남자고 서하는 여자야. 그럼 규하는 남자야 여자야?'라고 물으며 아이가 알고 있는 사람들의 성별을 이용해 알게 하는 것도 좋다.
33~36개월	세 단어 이상의 복잡한 문장으로 말하기 아이가 자주 쓰는 두 단어가 조합된 문장의 형태를 확

33~36개월	장시켜 여러 번 들려준다. 아이가 '빠방 줘'라고 말하면 엄마는 '어떤 빠방 줄까?', '노란 빠방 줘?', '빠방 더 줄까?', '다른 빠방 더 줘?' 등의 형태로 바꿔 문장을 확장시켜 준다. 아이 : 컵 줘. 엄마 : 물 줄까? 아이 : 응. 물 줘. 엄마 : 컵에 물 줘? 아이 : 컵에 물 줘. 엄마 : 무슨 컵에 따라 줄까? 파란 컵? 노란 컵? 아이 : 노란 컵. 엄마 : 노란 컵에 물 줄게. 아이 : 노란 컵에 물 줘.
	과거형 동사 사용하기 일상의 다양한 상황에서 아이에게 현재와 과거 형태의 문장을 자주 들려줌으로써 하나의 동사가 여러 가지 형태로 변형될 수 있음을 알려준다. 예를 들면, 아이가 좋아하는 음식을 먹으며 '○○ 맛있어?', '○○ 맛있네'라고 말하고, 다 먹고 난 뒤에는 아이에게 '○○ 진짜 맛있었어'라고 말한다.

　　엄마가 아이의 성장 정도 및 언어발달 과정 그리고 언어 나이를 모르면 아이들과 어떻게 대화하면서 놀아주어야 하는지 몰라 아이와 함께 시간을 보내기가 힘들다. 아이가 왜 이런 행동을 하는지, 언어 수준은 어느 정도인지, 엄마 말을 이해는 하

는지 등을 모른 채 아이에게 질문하고 대답을 강요하면 갈등만 커질 뿐이다. 가려운 곳은 등인데 엉뚱한 다리를 긁는 것과 같다. 어쩌면 말로 표현하지 못할 뿐 아이가 엄마보다 더 힘든 시간을 보내고 있을지도 모른다. 엄마는 누군가에게 하소연이라도 할 수 있지만, 아이는 어려움을 고스란히 안은 상태에서 성장해 나가야 하기 때문이다.

아이의 성장과 언어 수준에 맞는 적절한 피드백을 지속해서 해주려면 엄마가 아이들의 언어발달 과정 전반을 머릿속에 잘 정리해 놓아야 한다. 아이의 언어가 자라는 과정을 먼저 이해하는 게 기본이자 필수라는 뜻이다. 엄마와 아이는 서로를 지켜주는 유일한 존재다. 온 힘을 다해 아이를 보듬는 일은 인생에서 제일 약한 시기를 보내는 중인 아이에게 엄마가 줄 수 있는 가장 큰 사랑이다.

길을 갈 때 내가 길 위 어디쯤 있는지, 그 끝이 어디인지, 그곳에 무엇이 있는지 알고 걸으면 불안하지 않다. 순간 길을 잃고 헤맬 때조차 눈을 감은 채 기쁨 속에서 햇살을 만끽하는 여유를 누릴 수도 있다. 반면, 끝이 어디인지, 그 끝에 무엇이 있는지 모른 채 무작정 걸어가는 길은 한없이 두렵고 막막하다. 도중에 예상치 못한 갈림길이라도 나오면 방향을 못 잡고 엉뚱한 길로 가다 좌절할 수도 있다.

갓 태어나 세상에 적응하려는 아이들도 마찬가지다. 말이 늦은 아이라면 더더욱 그렇다. 그때 옆에 함께 버텨 줄 누군가가 있다면 아이에게 그 길은 더는 두렵지 않다. 엄마의 사랑은 이처럼 아이가 걷는 두렵고도 막막한 길을 환하게 밝히는 등불과 같다.

내향적인 아이의 언어를
자극하는 5가지 방법

아이마다 말을 습득하는 데는 차이가 나며, 언어발달의 주요 지표로 삼는 영아기 초기의 어휘발달도 그것은 마찬가지다. 그 같은 개인차의 원인으로 각 가정의 문화, 언어 스타일, 출생 순서 등을 꼽는데, 그 외적 변인과 내적 변인을 설명하는 연구는 매우 다양하다.

먼저 외적 변인으로 '성인의 언어 입력 양과 다양한 어휘 사용(장유경 외, 2003)', '복문 사용 및 언어적 상호작용(이지연, 이근영, 장유경, 2004)', '부모의 민감한 언어 반응(이지연, 장유경, 2005)' 등을 들며, 내적 변인으로는 '영아의 기질(Bloom, 1993)', '애착, 문제 행동, 양육 태도(모인선 & 김희연, 2005. 원영미 외, 2004)', '인지, 정서발달(조혜진 & 이기숙, 2004)' 등을 들며 그 관계를 설명한다.

기질과 언어발달 연구에 있어 대표적 학자인 블룸(Bloom)은 언어와 정서는 모두 동일한 인지적 자원을 사용하는데, 만일 아이가 정서적으로 불안함을 느끼면 안정시키기 위해 정서 요인에 자원을 더 많이 사용한다고 한다. 이로 인해 언어에 사용되어야 할 자원이 부족해지면서 어휘 습득과정에 영향을 미친다는 것이다. 또 잘 웃고 행복한 영아기를 보낸 아이들은 타인과 상호작용을 더 자주 오랫동안 유지하기 때문에 언어를 빨리 사용하게 될 가능성이 크다는 연구(Dixon & Smith, 2000)도 있다.

표현어휘와 아이의 기분(감정)과 관련한 연구(장유경 & 이근영, 2006)에서는 아이에게 유쾌함이 많을수록 명사, 형용사, 대명사 등을 더 많이 산출하는 것으로 나타났다. 유쾌한 정서를 가진 아이들은 타인에게 쉽게 접근함으로써 더 자주 타인과 만나게 되고, 이는 언어에 노출되는 기회를 증가시킴으로써 아이의 표현어휘가 더 많아진다는 것이다.

태생적인 기질은 언어발달에 있어 분명하고도 중요한 요인 중 하나다. 엄마도 당연히 각자의 성격과 기질에 따라 언어 스타일이 다르다. 따라서 아이의 언어를 자극하려는 엄마는 자신의 기질과 언어 스타일은 물론이고, 아이의 기질도 알아야 한다.

세상의 모든 자극이 즐거워 낯선 사람과도 어울리길 좋아하는, 유쾌한 정서를 가지고 태어난 아이들은 엄마의 언어 스타일이나 입력의 양 등 외적 요인들에 크게 영향을 받지 않을 수도 있다. 하지만 내향적인 기질을 타고난 아이들은 그 같은 외적 요인이 언어발달에 매우 중요한 변수로 작용할 가능성이 크다. 또 내향적인 아이들은 출중한 언어능력을 갖추고 태어났음에도 성향으로 인해 잘 사용하지 않으려는 경향이 있다. 이런 아이들은 입력의 양을 늘려도 바로 '아웃풋'으로 이어지지 않으므로 다음의 몇 가지에 더 주의해 언어를 자극해야 한다.

첫째, 비언어적 표현에 신경을 써야 한다. 내향적인 아이들은 관찰력이 뛰어나 언어 외 다른 요소들에도 민감하게 반응할 때가 많다. 따라서 엄마는 언어뿐만 아니라 표정, 목소리, 말투, 몸짓 등도 주의해야 한다. 이들은 열 마디 말보다 엄마 얼굴에서 피어나는 단 한 번의 미소에 더 예민하기 때문이다.

둘째, 충분한 관찰 시간을 주어야 한다. 내향적인 아이들은 변화와 낯선 자극들이 전혀 즐겁지 않다. 새로운 자극이라면 충분히 관찰할 시간을 줌으로써 그것이 자신을 위협하지 않는다는 걸 확인할 수 있게 해주어야 한다. 예를 들면, 아이와 함께 새로운 사람을 만났을 때 '안녕하세요 하고 인사해야지'라고 말하는 대신, 아이가 상대를 충분히 관찰한 뒤 관심을 보이면 누구인지 알려주고 인사를 하게 하는 식이다. 새로운 환경도 마찬가지다. 아이가 충분히 관찰한 후 고개를 돌리거나 움직임을 보인 후 천천히 말을 건넨다.

셋째, 미리 상황을 설명해야 한다. 자극이 즐겁지 않은 아이들은 익숙함에서 벗어나는 순간마다 긴장이 높아진다. 이런 아이들의 불안함을 줄여주려면 아이가 어떤 환경에 놓이기 전 쉽고 간단하게 상황을 설명해 주는 게 좋다. 그 상황을 받아들일 수 있도록 마음을 준비시키는 작업이다.

넷째, 혼자 놀 때 대화를 시도한다. 내향적인 아이들은 겉으로는 마냥 순하고 혼자서도 잘 노는 것처럼 보인다. 사실, 혼자서 놀이에 몰입하는 시간이 많기도 한데, 이럴 때는 엄마가 대화를 시도하는 게 좋다. 타인과의 상호작용에 대한 즐거움을 알려줘야 한다는 뜻이다. 단, 혼자서 놀이에 집중하고 있을 때 엄마가 그 놀이의 주도권을 가로채서는 안 된다. 같은 공간에서 아이가 주도하는 놀이를 지켜보며 아이가 해야 할 행동이나 말을 대신해 주거나, 놀이의 흐름을 깨지 않는 선에서 의문사를 사용해 한두 번 간단한 질문을 해보는 정도가 좋다.

다섯째, 책 읽는 시간을 자주 갖는다. 내향적인 아이들은 대체로 책 읽기를 좋아한다. 따라서 영아기부터 함께 책 읽는 시간을 자주 갖는 게 좋다. 두 돌 전후의 아이라면 책 읽기 활동이 끝난 뒤 내용을 바탕으로 다양한 질문을 하는 방식으로 함께 이야기를 시도해보자. 그동안 쌓인 아이의 언어를 입 밖으로 꺼내는 귀한 시간이 될 것이다.

노래로 언어를
자극하는 3단계

나는 몸과 마음을 안정시켜 주는 색깔로 '초록'을 꼽는다. 그렇
다면 어떤 상황에서든, 누구와 함께 있든 아이들의 몸과 마음을
스르륵 열어주는 초록빛 열쇠는 뭘까? 바로 '노래'다. 누가 가르
쳐주지 않아도 아이들은 노래를 들으면 흔들흔들 리듬을 타거
나 고개를 까딱까딱하면서 나름의 박자를 맞추며, 그러다 흥이
더 오르면 손뼉을 치며 온몸으로 흥겨움을 표현하기 때문이다.

아이들은 정말 노래를 좋아한다. 같은 노래를 몇 날 며칠
불러도 오히려 전날보다 더 신나게 '단순한 반복'에서 오는 행
복을 만끽한다. 그래서 나는 엄마들에게 제일 먼저 '함께 노래
부르기'를 추천한다.

인간이 태어나기 전부터 가지는 감각 중 하나가 소리를 듣는 청각능력이다. 뱃속에서부터 엄마의 목소리를 귀 기울여 듣고 안정을 찾는다. 아이가 울 때마다 태교 때 들려주었던 노래를 들려주니 바로 울음을 그쳤다거나, 뱃속에 있을 때 읽어주었던 책을 다른 책들보다 유난히 더 좋아한다는 엄마들의 이야기가 그 증거다.

아이가 자신이 원하는 대상을 찾아낼 때 가장 먼저, 가장 적극적으로 사용하는 감각 중 하나가 바로 이 청각이다. 아이는 엄마의 얼굴을 또렷이 볼 수 있을 만큼의 시력을 가지고 태어나지 않는다. 뿌연 안개 속에서 자기 이름을 부르는 엄마의 목소리를 향해 고개를 움직이거나 손발을 뻗으며 엄마를 찾을 뿐이다.

이처럼 처음 만나는 낯선 세상에서 그동안 익숙했던 엄마를 찾게 해주는 청각능력은 아이에게 세상과 연결될 수 있는 여러 가지 정보뿐만 아니라 언어와도 연결해 주는 아주 중요한 통로다. 이토록 아이들을 신나게 하는 노랫소리 안에는 멜로디만 있는 게 아니라 '언어'도 가득 담겨 있다. 그것도 이해하기 쉽고 따라 하기 좋은 단어들로만 말이다. 청각능력을 활용해 언어를 자극하는 '함께 노래 부르기'는 그래서 좋다.

엄마가 노래로 아이의 일상에 루틴을 만들어 채워주면 아이들은 귀로 들으며 자연스럽게 다양한 단어를 접한다. 그리고 예상 가능한 일련의 사건을 통해 그 단어들의 의미를 점차 이해하고, 더듬더듬 엄마의 말소리를 따라 해보면서 자신의 언어로 받아들인다. 모든 말소리 중에서 멜로디를 입힌 언어는 아이의 기억 속에 가장 오랫동안 남는다.

노래를 이용해 아이의 언어를 효과적으로 자극하려면 약간의 테크닉이 필요하다. 옹알이 단계의 아이들에겐 노랫말이 정해진 동요를 그대로 불러주기보다는 익숙한 멜로디에 맞춰 쉽고 짧은 문장을 계속 반복하되 상황에 따라 가사를 바꿔 불러주는 방법이 좋다. 예를 들어, 아이가 잠에서 깨어나면 아이의 팔과 다리를 주무르며 '팔팔 쭈욱쭈욱~, 다리다리 쭈욱쭈욱~' 하고 불러주고, 식사 때가 되면 '맘맘 맘마맘마~, 우유우유 냠냠냠냠~'이라고 개사해서 불러준다.

일상을 노래로 만드는 일은 어렵지 않다. 어떤 상황이든 그 순간에 아이에게 해주고 싶은 말에 멜로디를 붙여 반복해 들려주면 된다. 같은 멜로디와 같은 가사로 만들어진 노래가 매일매일 들려오면 아이들은 상황과 말소리를 연결하게 된다. 또 노래를 들을 때마다 환경음과 노랫소리 중 엄마의 목소리를 선택해 자신의 주의를 기울일 줄 아는 능력도 향상된다.

말하기 이전의 아이들에게 노래는 비언어적 소통 도구인

제스처를 알려주는 가장 좋은 방법 가운데 하나다. 말로 표현하기 전 시기에 가장 눈여겨보아야 할 능력 중 하나가 관습적인 '제스처'인데, 엄마의 동작을 보고 따라 하는 행동이 바로 그것이다. 친구를 보고 '안녕' 하며 손을 흔들거나, 날아가는 나비를 보고 두 팔을 팔랑팔랑 흔들며 나비를 흉내 내는 몸짓 등 말이다. 언어치료사들은 이런 제스처가 다양하고 많이 나타날수록, 그 시기가 빠를수록 표현언어 능력이 좋은 아이라고 예측한다.

그렇다면 아이가 쉽고 빠르게 제스처를 배우는 방법은 뭘까? '노래'를 부를 때 함께하는 '율동'의 활용이다. 말을 못하는 단계에서도 노랫말을 들으며 엄마가 보여주는 손동작이나 몸짓을 따라 할 수 있다. 아이들은 엄마가 노래를 부르며 율동을 보여줄 때 노랫말에 등장하는 단어를 율동이라는 시각화된 단서를 통해 더 쉽게 이해한다. 또 율동을 유도하는 노랫말은 아이의 이해언어 능력을 가늠하는 잣대도 된다. '우리 모두 다 같이 손뼉 쳐'라는 노래를 부를 때 '손뼉 쳐' 부분에서 스스로 손뼉을 짝짝 친다면 아이가 그 말을 이해하고 있다는 뜻이기 때문이다.

노래는 아무 준비물 없이도 시간과 장소에 제약받지 않으면서 아이와 즐겁게 보낼 수 있는 도구다. 고맙게도 아이들은 자신이 좋아하는 노랫말을 익살스럽고 과장되게 지겹도록 반복해도 부를 때마다 매번 즐거워한다. 또 자기가 알고 있거나 좋아하는 말소리가 들리면 반가워한다. 게다가 아이의 언어 수준에 맞추어 다양한 단어를 들려줄 수 있다. '삐약삐약 병아리, 오리는 꽥꽥, 짤랑짤랑 으쓱으쓱' 등 의성어와 의태어가 한껏 담긴 노래에서부터 '안녕 안녕 친구들, 나처럼 해봐요, 둥글게 둥글게, 뽀뽀뽀 친구'처럼 친구들과 함께 상호작용이 가능한 놀이를 시도할 수 있는 노래, '아빠 힘내세요'처럼 다른 사람의 마음을 움직일 수 있는 노래까지 참으로 다양하다.

아이와 어떻게 놀아주어야 하는지 모를 때 부모와 아이의 부담을 모두 줄여주는 가장 좋은 놀이 방법은 바로 아이와 함께 '신나게 노래 부르며 춤추는 것'이다.

노래를 활용한 언어자극 3단계	
1단계	아이에게 일상에서 반복해 노래를 들려준다. 아이가 노래에 익숙해지면 가사와 율동을 연결해 반복한다. 처음 시작할 때는 10개 미만의 단어로 엄마가 직접 만든 간단한 노래가 좋다.
2단계	노래는 대화를 주고받듯(turn taking) 서로 주고받는 게 가능하다는 장점이 있다. 아이와 엄마가 함께 부르다가 서로 한 번씩 번갈아 가며 한 소절씩 차례로 부른다. 처음부터 무작정 노래를 넘기지 말고 아이가 참여하기 좋은 타이밍 또는 좋아하는 부분이 나올 때 아이

2단계	를 쳐다보며 기대하는 표정으로 기다려줌으로써 스스로 노래를 부르거나 율동을 할 수 있도록 한다. 아이가 자기 차례를 알아차리지 못할 때는 손짓으로 차례를 알려준다.
3단계	마지막 단계는 무한 반복이다. 단, 노래를 부르는 활동은 엄마도 아이도 즐거운 놀이여야 한다. 기분 좋은 상태로 노래 부르기를 경험해야 오랫동안 할 수 있다. 율동이나 노랫말 또한 정해진 답은 없다. 엄마 아빠가 가장 편하고 재미있는 율동과 노랫말들로 채우면 된다.

자음을 알아야
발음이 정확해져요

아이가 태어나 처음으로 접하는 말소리는 '모음'이다. 엄마의 입 모양을 보고 옹알이나 발성놀이를 하면서 모음을 연습하는데, 대부분 어렵지 않게 배운다. 말하기에 있어 중요한 모음 말소리 '아, 어, 오, 우, 으, 이, 에' 7개는 입 모양과 혀의 위치 변화만으로도 소리를 낼 수 있을 정도로 동작이 단순하기 때문이다.

그러나 자음은 모음보다 동작이 다소 복잡하고 정교해 발음하기가 어렵다. 제일 마지막으로 습득되는 자음인 마찰음 'ㅅ'은 보통 6세 이상이 되어야 완벽하게 발음할 수 있을 만큼 정확하게 발음하기까지는 많은 시간이 필요하다. 게다가 모음의 앞과 뒤에 붙어 음절과 단어를 구성하는 말소리인 '자음'은

'발, 달, 알'처럼 하나만 달라져도 의미가 바뀐다. 의사소통에서 의미를 전달하는 핵심 역할을 자음이 담당하는 것이다.

우리말 자음은 모두 19개(ㄱ, ㄲ, ㄴ, ㄷ, ㄸ, ㄹ, ㅁ, ㅂ, ㅃ, ㅅ, ㅆ, ㅇ, ㅈ, ㅉ, ㅊ, ㅋ, ㅌ, ㅍ, ㅎ)로 '발음 위치'와 '발음 방법'에 따라 각각 다르게 발음된다. '발음 위치'란 발음할 때 움직이는 발음(조음)기관의 위치를 말하며, '발음 방법'은 발음할 때 발음기관을 움직이는 방법을 말한다. 자음을 발음할 때의 발음 위치와 발음 방법 두 가지는 반드시 지켜져야 하는 규칙이다. 즉, 이 규칙이 지켜지지 않으면 정확한 발음이 나오지 않는다는 뜻이다.

자음의 분류	
양순음	두 입술을 사용해 발음하는 양순음은 자음 중 'ㅁ, ㅂ, ㅃ, ㅍ'으로 구강의 압력에 따라 구별된다. 훈민정음 창제원리를 보면 입의 모양을 본떠 'ㅁ'을 기본자로 삼았고, 소리의 특성에 따라 기본자에 획수를 더해 'ㅂ'과 'ㅍ'을 만들었다고 한다.
치경음	자음 중 가장 많은 7개(ㄴ, ㄷ, ㄸ, ㄹ, ㅅ, ㅆ, ㅌ)가 해당된다. '치경'은 앞니와 입천장의 딱딱한 부분인 경구개 사이를 가리키는데, 구강 안 아래쪽 발음기관인 혀와 위쪽 발음기관인 치경(잇몸)을 사용해 발음한다. 훈민정음의 창제원리를 보면 혀가 윗잇몸에 닿는 모양을 본떠 'ㄴ'을 기본자로 삼았으며, 여기에 획을 더해 'ㄷ, ㅌ'을 만들었다고 되어 있다. 유음에 해당하는 'ㄹ'은

치경음	초성(음절의 첫소리)에서는 혀를 많이 굴리는 탄설음으로, 종성(음절의 끝소리)에서는 혓날이 치경 부분에 닿는 설측음으로 발음된다.
경구개음	파찰음에 해당하는 자음으로 'ㅈ, ㅉ, ㅊ'을 말한다. 아래 발음기관인 혀가 입천장의 경구개에 닿으면서 발음되며, 혓날을 경구개 앞쪽에 대고 소리 내면서 약하게 바람소리를 내도록 유도할 수 있다. 훈민정음의 창제 원리에서는 치아의 모양을 본떠 'ㅅ'을 기본자로 삼고 획을 더해 'ㅈ, ㅊ'을 만들었다고 했는데, 현대 음성학에서는 'ㅅ'은 치조마찰음에 해당하며 'ㅈ, ㅊ'은 경구개 파찰음에 해당된다.
연구개음	연구개음 'ㄱ, ㄲ, ㅋ'은 경구개 바로 뒤에 이어지는 부드러운 부분에 해당하는 위치에서 실현되는 자음으로, 혀의 뒷부분을 입천장(연구개)에 닿게 해 소리를 낸다. 훈민정음의 창제원리에서는 평음 'ㄱ'은 설근(혀뿌리)이 목구멍을 막고 있는 모양을 상형화했다고 설명한다. 연구개음은 가글이나 코 고는 소리를 낼 때 혀의 위치로 유추해 볼 수 있다.
성문음	목구멍 모양을 본뜬 성문음은 'ㅎ'이 유일하다. 발성기관이기도 한 성대가 발음기관 역할을 하며, 기류를 내보내는 소리이므로 마찰음에 해당하는 조음방법을 사용한다. 하품을 할 때 단모음 'ㅏ'를 붙여 발성하도록 해 성문음을 유도하기도 한다.

*김지형, 2007 참조.

말소리는 '인간의 발음기관을 통해 만들어지는 언어학적 의미가 담긴 소리'다. 발음기관에는 크게 성대(larynx)와 혀, 입천장(치경, 경구개, 연구개, 구개수), 입술 등이 있는데, 말소리를 내려면 폐에서 생성된 공기가 성대를 지나 구개수(목젖)를 통해 구강과 비강으로 흘러야 한다. 그리고 발음기관인 혀와 입술 등을 움직여 그 공기의 흐름을 조절해야 자음 소리를 낼 수 있다.

말소리를 산출하기까지는 이처럼 여러 발음기관과 미세한 근육을 능숙하게 컨트롤하는 능력이 필요하다. 아이가 엄마를 보며 '엄마'라는 첫 단어를 말하기까지는 많은 발음기관과 동작들이 합쳐져야 가능한 일인 것이다.

아이가 자라는 모습을 지켜보면 기적이 멀리 있는 게 아니라 바로 눈앞에서 벌어진다고 느낄 때가 있다. 그러고 나면 평범했던 일상이 특별해지고, 무덤덤했던 일과들이 점점 더 소중해진다. 아이들의 발음이 자랄 때도 마찬가지다. 어제만 해도 'ㅈ'을 제대로 발음하지 못했던 아이가 어느 순간 똑 부러지게 발음하는 것을 보며 놀라움과 대견함을 동시에 만끽하게 된다. 아이의 말소리를 시간의 흐름에 따라 영상으로 저장해 3개월 혹은 6개월쯤 후에 찍어두었던 영상들을 한꺼번에 돌려보자. 내 아이의 발음이 어떻게 자라나고 있는지 확연히 알 수 있다.

이처럼 중요한 자음에도 발달 순서가 있다

언어에도 나이별 발달 순서가 있듯 아이의 나이에 따라 발음할 수 있는 자음들이 다르다. 우리나라 아이들의 자음 발달 연구들을 보면 습득하는 나이에는 차이가 있으나 그 순서는 비슷함을 알 수 있다. 아이들은 보통 'ㅁ, ㄴ, ㅇ'에 해당하는 비음 소리와 파열음에 속하는 입술소리(양순음), 치경음과 연구개음에 해당하는 'ㅂ, ㅃ, ㅍ, ㄷ, ㄸ, ㅌ, ㄱ, ㄲ, ㅋ' 소리가 먼저 발달하고, 그다음으로 파찰음에 해당하는 'ㅈ, ㅉ, ㅊ'이 발달한다. 그리고 후기에 유음 'ㄹ'과 마찰음 'ㅅ, ㅆ'이 발달한다(김수진·신지영, 2007).

자음은 음절과 어절의 위치에 따라서도 발달 순서가 다르게 나타나는데, 일반적으로 초성에서 먼저 발달한 뒤에 종성에서 출현한다. 반면, 예외적으로 유음 'ㄹ'은 종성에서 먼저 발달한 뒤에 나중에 초성에서 발달한다. 〈2~5세 아동의 종성 발달 연구〉(홍진희·배소영, 2002)를 보면 아이들 대부분이 만 3세부터 종성에서 비음 'ㄴ, ㅁ, ㅇ'과 유음 'ㄹ'을 산출할 수 있으며, 만 4세부터 파열음 'ㄱ, ㄷ, ㅂ'을 산출한다고 한다.

만 2세가 되면 두 입술을 붙였다가 터트리는 입술소리인 'ㅍ'과 비강을 울려서 내는 'ㅁ, ㅇ'이 나타나고, 만 3세가 되면, 입술소리 중 'ㅂ, ㅃ'과 혀를 윗니 뒷부분에 대었다가 터뜨리는 치경음 'ㄸ, ㅌ'을 발음할 수 있게 된다. 만 4세가 되면 연구개음 'ㄱ, ㅋ', 파찰음 'ㅈ, ㅉ'을 발음하게 되며, 만 5세가 되면 치경음 'ㄴ, ㄷ' 그리고 혀의 가운데 부분을 입천장(연구개)에 올려 소리 내는 'ㄲ' 발음이 가능하게 된다. 만 6세가 되면 바람소리가 나는 마찰음 'ㅅ'이 나타난다. 유음 'ㄹ'은 아래 표에는 없으나 다른 연구(김민정 · 배소영, 2005)를 살펴볼 때 마찰음보다는 느리거나 비슷하게 나타남을 알 수 있다.

우리말 자음의 신체 나이별 발달 순서	
나이	발달 순서
2세~3세	입술소리 'ㅍ'과 비음 'ㅁ, ㅇ'을 95~100% 발음할 수 있으며, 입술소리 'ㅂ, ㅃ'과 치경음 'ㄴ, ㄷ, ㄸ, ㅌ', 연구개음 'ㄱ, ㄲ, ㅋ', 성문음 'ㅎ'을 75~94% 발음할 수 있다. 또 경구개음 'ㅈ, ㅉ, ㅊ'을 50~75% 발음할 수 있다.
3세 ~4세	입술소리 'ㅂ, ㅃ'과 치경음 'ㄸ, ㅌ'을 95~100% 발음할 수 있으며, 경구개음 'ㅈ, ㅉ, ㅊ'과 마찰음 'ㅆ'을 75~94% 발음할 수 있다. 마찰음 'ㅅ'을 50~74% 발음할 수 있다.
4세~5세	치경음 'ㄴ, ㄷ'과 연구개음 'ㄲ'을 95~100% 발음할 수 있으며, 마찰음 'ㅅ'을 75~94% 발음할 수 있다.
6세~7세	마찰음 'ㅅ'을 95~100% 발음할 수 있다.

*김영태, 1996

발음도 언어의 발달과 함께 자라므로 성장과정에서 정상적인 오류 현상들이 나타난다. 예를 들면, 두 돌 된 아이가 '자동차'를 '다동타'로 발음하거나 '사탕'을 '타탕'으로 발음하는 것 등을 말한다. 24개월이 되면 입술소리와 콧소리 몇 가지를 제외한 나머지 자음들은 계속해 자라는 중이다. 즉, 발음기관이나 근육을 조절할 수 있는 발음능력이 증가하면서 발음 가능한 자음이 점점 늘어나게 된다.

반면, 만 4세 아이가 입술소리나 치경음, 연구개음을 정확히 발음하지 못할 때가 많거나 의사소통에 방해가 될 만큼 발음 오류가 심하면 전문가의 진단을 받아보아야 한다. 특히, 발음교정(조음치료)은 발음이 어느 위치에서 이루어지는지, 또 어떻게 해야 목표 단어를 발음할 수 있는지 아이에게 설명함으로써 정확하게 발음할 수 있도록 해야 하는데, 반복적이고 기계적인 연습이 필요하므로 전문가의 도움이 필요하다.

규하는 누구든 들으면 다 이해할 수 있을 만큼 발음이 좋은 편이지만 두 돌 때는 'ㅈ' 때문에 엄청 힘들었다. 자동차를 좋아해서 그랬는지 경구개음인 파찰음 소리 'ㅈ, ㅊ'을 사용하는 빈도가 유독 높았다. 자아가 스멀스멀 올라오기 시작하던 그 시기, 엄마가 자신의 말을 이해했는지 한 자 한 자 모두 확인해야 직성이 풀리던 (문장의 어미까지도 정확하게 맞혀야 했다) 그때는 규하가 무슨 말을 하면 무척 긴장되었다. 내가 못 알아들었던 단어의 첫소리는 대체로 'ㅈ'이었는데 왜 빨리 알아채지 못했는지 돌이켜보면 피식 웃음이 난다.

한동안 그러더니 세 돌을 넘기면서 'ㅈ' 계열의 발음이 안정되자 알아듣지 못하는 단어들은 없어졌으며, 마찰음 소리인 'ㅅ' 계열의 소리를 'ㄷ'과 'ㅅ'의 중간소리로 발음하는 것만 빼면 성인의 발음과 비슷해졌다.

앞서도 말했듯 아이들은 각자 발달시기가 다르다. 발음 또한 마찬가지다. 모두가 완벽하게 같은 시기에 맞춰 발달하지 않는다. 다만, 발달 순서만큼은 대체로 비슷하다. 만 4세도 되지 않은 아이를 데리고 와서 'ㅅ'이나 'ㄹ' 발음이 정확하지 않다며 문제가 있는 건 아닌지 묻는 엄마들이 생각보다 많다. 마찰음과 유음은 다른 자음에 비해 소리내기가 까다롭고 복잡해 완벽하게 발음하려면 만 6세나 되어서야 가능한데 (요즘은 전반적으로 이보다는 더 빨라지고 있지만) 말이다. 그러므로 엄마는 아이들 발음의 전반적인 발달 순서를 알아야 한다. 그래야만 아이의 발음을 이해할 수 있으며 의사소통이 원만해진다.

발음도
연습을 해야 해요

수다스러울 정도로 말을 잘하는 아이들도 특정 발음이 자꾸 틀려 자기 의사를 정확히 전달하지 못할 때가 있다. 그 외에도 'ㄹ' 발음을 어려워하는 아이, 받침을 모두 생략하는 아이, 혀 짧은 소리를 내는 아이 등 발음과 관련한 문제는 매우 다양하다.

이처럼 여러 가지 이유로 의사소통을 방해하는 말 장애 중 하나로 조음음운장애(Articulation & Phonological Disorder)가 있다. 이는 발음을 담당하는 기관에 문제가 생긴 경우, 발음을 지시하는 신경계에 문제가 생긴 경우, 말소리를 듣고 서로 다른 소리를 변별하는 능력에 문제가 생긴 경우 등 증상에 따라 구분하기도 하고, 넓게는 '조음장애'와 '음운장애'로 나누기도 한다.

조음장애

조음기관(혀, 입술, 치아, 입천장 등)을 통해 말소리가 만들어지는 과정에서 발생하는 말장애로, 화자의 기질이나 기능과 관련된 생리적 측면에 원인이 있다. 기질적 원인은 청각장애, 구개파열, 뇌신경 손상 등이며, 기능적 원인으로는 조음기관의 기능적 조절 문제 또는 음성 문제가 있다.

음운장애

말 기관의 뚜렷한 이상 없이 생기는 말장애로 화자의 언어적인 면, 즉 음운 인식의 부재 또는 음운인식 능력의 저하가 원인이다.

조음 측면에서 아이들의 발음능력이 떨어지는 데는 두 가지 원인이 있다. 첫째는 혀가 짧거나 청각장애, 구개파열 등 기질적(구조적)인 원인에 의한 문제다. 둘째는 발음기관과 발음기관 조절 능력에는 이상이 없으나 발음 습관의 문제 또는 미세 근육이나 혀 등의 잘못된 움직임으로 인한 오류다.

이 같은 발음 오류가 기질적 측면에서 발현된 것이라면 수술과 같은 방법으로 먼저 원인을 없앤 후 발음 습관 등을 교정해야 하지만, 이런 경우에는 아무리 좋은 치료를 받더라도 어느 정도 이상으로는 발음을 개선하기 어렵다. 반면, 습관 등 기능적 원인으로 발생한 문제라면 언어치료로 고칠 수 있다. 따라서 아이의 발음이 나쁘거나 특정 발음을 어려워한다면 원인이 기질에 있는지 기능에 있는지를 먼저 알아야 한다.

말하기와 관련된 기관에 이상이 없는데도 의사소통이 원활치 않은 음운장애의 증상으로는 음운을 생략하거나, 다른 소리로 대치하거나, 첨가 또는 왜곡하는 음운 오류와 음운 변동의 오류가 있다. 이는 듣기 능력과 관계가 있는 것으로, 말소리를 지각하고 그것을 의미가 담긴 언어로 해석하는 듣기 능력은 짧게 잡아도 1년 이상 복잡하고 세세한 과정을 거쳐 발달하는데, 그러고 난 후에야 정확한 발음 산출이 가능해진다.

듣기 능력 발달 4단계	
1단계	말소리 지각능력 발달 말소리 지각이란 소리가 뇌를 거쳐 의미 있는 언어로 해석되는 걸 의미하는데, 이 또한 단계별로 진행된다. 말소리를 귀로 듣는 청감각 단계, 귀로 들어온 소리를 인지하는 청지각 단계, 그 소리에 대한 의미를 뇌에서 언어로 해석하는 청각적 처리 단계가 그것이다. 아이들은 이 세 단계를 거쳐 말소리를 언어로 인지한다. 말소리를 산출하는 능력은 말소리를 지각하는 능력을 갖춰야만 가능하다는 뜻이다. 그리고 이 능력은 보통 말할 수 있는 단어가 50개 정도 되는 생후 18개월 즈음에 완성된다.
2단계	말소리 변별능력 발달 말소리를 산출하려면 또 서로 다른 말소리를 구별할 줄 알아야 한다. 그러려면 말소리 변별 및 감지 능력, 즉 말소리를 모니터링할 수 있는 능력이 필요하다.

2단계	아이들은 대개 생후 6개월쯤 되면 모국어와 모국어가 아닌 소리를 듣고 변별하는 능력이 생긴다. 그리고 이후 모국어 안에서 각 음소들의 범주를 만드는데, 예를 들면 'ㅂ'과 'ㅍ'을 듣고 서로 다름을 변별한 후 'ㅂ' 소리에 대한 범위를 하나의 범주로 설정하는 것이다. 소리에 대한 범주적 지각을 하나씩 카테고리로 만들어 머릿속에 저장시킨다는 뜻으로, 그것은 추후 음운체계의 기본이 된다. 조음치료를 진행할 때는 듣기 및 말소리를 지각하고 변별할 수 있는 능력부터 키우기 시작하며, 산출 훈련은 그다음이다.
3단계	말소리 감지능력 발달 이 단계는 크게 외부 감지, 외부-내부 감지, 내부 감지의 순서로 이어진다. 아이들은 말을 배울 때 먼저 타인의 말소리를 듣고 음소 간 차이를 구별한다. 그리고 나서 타인과 자신의 말소리를 구별하며, 마지막으로 자기 자신의 말소리에서 음소들을 구별한다.
4단계	조음 음운 산출능력 발달 아이들의 말소리 산출은 생후 6개월 전후에 모국어를 반영한 자음과 모음이 포함된 옹알이로 시작된다. 보통 의미 있는 진짜 단어는 12개월 전후에 나오며, 이 같은 단어가 산출되기 이전 말들을 옹알이라고 한다.

말의 뜻을 구별하는 소리의 가장 작은 단위인 음운은 단순 옹알이 발성, 쿠잉(목울림 소리 등), 같은 음절을 반복적으로 연습

하는 음절성 옹알이 등을 거치면서 발달한다. 진짜 단어가 나오는 만 1세 전후부터 문장이 출현하는 만 2세까지를 초기 음운발달 시기라고 하며, 후기 음운발달을 거치는 만 7세 정도가 되면 대부분의 음운발달이 완성된다.

조음음운장애는 어떻게 고칠까?

먼저 자신이 말하는 순간의 말소리를 듣는 게 익숙지 않으므로 자기 말소리를 변별할 수 있으려면 청지각적 훈련부터 시작해야 한다. 예를 들어, 'ㅂ'음소를 훈련하기 위해서 'ㅂ'음소와 다양한 모음(바, 버, 보, 부, 브, 비)을 연결해 들려주어 목표 음소를 확인할 수 있도록 연습한다. 그런 다음 'ㅂ'음소와 최대대립자질인 다른 음소('ㅅ, ㅈ, ㄹ')와 비교해 변별할 수 있도록 훈련하는 방법이다(/바 vs 사/, /보 vs 조/, /부 vs 루/). 청지각적 훈련은 목표한 발음을 아이에게 최대한 다양한 환경에서 많이 들려주는 방법이라고 할 수 있다.

그다음은 자동화를 연습해야 한다. 우리는 'ㅅ'이란 발음을 말할 때 혀를 윗니 뒤로 올리고 바람 소리를 내면서 발음해야 한다는 것을 생각하면서 말하지 않는다. 자동적으로 발음기관을 움직이면서 말소리를 산출한다. 치료 또한 정확한 발음이 자연스럽게 산출되기까지를 목표로 잡는다. 따라서 목표 발음을 습득할 때까지 청지각 능력을 높이는 훈련과 조음 지시법, 말소리 수정법 등 다양한 기법들을 이용해 무한 반복하면서 연습한다. 조음 지시법이란 목표한 발음의 위치나 발음 방법을 말로 설명해 주거나 아이의 발음기관을 직접 조작해 알려주는 것을 말한다. 예를 들어, 'ㅅ'의 발음을 조음 지시법으로 알려줄 때는 빨대 끝을 이 사이에 붙고 혀 끝을 치경(윗니 바로 뒷부분에 해당하는 잇몸 부분)에 올려 '스-' 바람 소리를 내보게 하는 식으로 발음 위치와 방법을 알려준다. 조음 지시법이나 말소리 수정법 등 다양한 언어치료 기법들을 통해 목표 음소를 수많은 반복을 통해 훈련하는 방법이 자동화 연습이다. 다양한 연습을 통해 아이가 의식하지 않아도 목표 음소 발음에 필요한 발음기관과 근육의 협응이 자연스럽게 이루어지는 과정인 것이다.

조음 음운 치료 원리의 핵심 3단계	
1단계	자신의 발음에 대한 모니터링 능력을 증진시켜 말소리에 대한 피드백 체계를 발전시킨다.
2단계	반복 훈련에 의한 산출과 피드백을 통해 목표 발음을 자동화시킨다.
3단계	다양한 맥락에서 정확한 발음 습득을 목표로 훈련한다.

마지막으로는 일상에서 목표 발음을 확장시켜야 한다. 발

음을 단순히 음소나 하나의 단어만으로 평가하지 않듯 치료도 수준을 다양하게 높여가면서 연습한다. 음소 같은 아주 작은 단위부터 음절, 단어, 구, 문장, 대화 수준까지 목표로 한 발음을 제대로 발음할 수 있게 되는지를 확인하면서 연습한다.

아이가 갑자기
말을 더듬는다고요?

규하는 말을 빨리 시작한 편은 아니었으나 세 살이 되면서부터는 꽤 잘하는 축에 들었다. 그런데 어느 날부터 갑자기 우물쭈물 머뭇거리며 '음, 어, 그거, 그거 있잖아' 등의 불필요한 군더더기 말(간투사)을 지나치리만큼 자주 쓰면서 더듬기 시작했다. 어떤 때는 길지 않은 한 문장을 말하는 데도 한참 걸렸는데, 속으로 스물을 셀 때까지도 끝을 맺지 못할 정도였다.

남편은 그럴 때마다 규하가 답답해할까 싶어 문장이나 더듬는 단어를 재빠르게 대신 말해 주었다. 나는 이런 행동은 정상적인 발달과정 중 하나이므로 규하가 말을 더듬을 때 끼어들지 말고 스스로 문장을 끝낼 수 있도록 충분히 기다려 달라고 남편에게 말했다.

말을 더듬는다는 건 어떤 상태를 말할까?

말을 더듬는다고 하면 보통은 단어의 일부인 음절이나 단어를 통째로 반복(ㄴㄴㄴ나는 학학학학교 학교학교에 갔어)하는 형태라고 생각한다. 하지만 말을 하다 말고 끊어버리듯 멈추거나 말소리의 사이를 길게 늘여 연장(엄___마)하는 현상, 또 단어가 잘 생각나지 않을 때 '어, 음, 그래서' 같은 간투사를 쓰는 것도 말더듬에 속한다.

언어장애의 영역에서는 이 같은 말더듬을 병리적인 유창성 장애와 정상에 속하는 비유창성 장애의 두 가지 유형으로 나눈다.

말을 더듬는 단위가 '단어 내의 음절(학학학학교)'이나 '음소(ㄴㄴㄴ나는)'로 작아지거나, 말소리 사이를 길게 늘이거나, 말을 더듬지 않기 위해 지나치게 눈을 깜빡이거나 고개를 뒤로 젖히는 등 노력하는 행동을 한다면 유창성 장애에 속하는 말더듬이라고 보아야 한다. 또 말이 빨라지거나 발음기관의 유연성이 부족해 동시 발음 또는 이어지는 연음을 제대로 소리 내지 못하는 것도 이 장애 유형 중 하나다.

반면, 1음절에 해당하는 단어(밥밥밥 밥을 먹었어)를 반복하거나, 단어를 통째로 더듬거나(가방가방가방 가방에 넣자), 간투사(음음, 어어어어, 그게, 그러니까)를 넣으면서 더듬는다면 정상의 영역인 비유창성일 가능성이 크므로 조금 여유를 가지고 지켜보아도 괜찮다.

그러나 아이가 말을 더듬기 시작했을 때 그것이 언어의 발달과정 중에 정상적으로 나타나는 비유창성인지, 아니면 치료를 받아야 하는 유창성 장애의 유형 중 하나인지 정확히 파악하기는 사실 쉽지 않다. 단지, '비유창성의 정도'에 따라 구분할 뿐이다.

왜 말을 더듬을까?

오랜 시간 말더듬을 연구해 온 학자 밴 라이퍼(Van Riper)는 말더듬의 원인이 '발음기관들의 근육운동 붕괴'에 있다고 주장한다. 아이들이 말을 입 밖으로 유창하게 꺼내놓기 위해서는 수많은 근육의 빈틈없는 협응을 통해 동시에 발음할 수 있어야 한다는 것이다. 이화여대에서 학생들을 가르쳤던 고(故) 이승환 교수도 말더듬의 직접적인 원인 중 하나를 말소리 산출에 관여하는 호흡, 발성, 조음의 근육운동이 적절한 시간에 동시에 움직이지 못하기 때문이라고 설명했다.

아이들은 두 돌 즈음부터 문장을 말하기 시작해 서너 살이 되면 말하는 문장의 길이가 길어지고 복문의 형태가 나타나는 등 어휘 폭발기처럼 '언어의 용량이 폭발하는 시기'를 겪게 된다. 그러면서 수많은 시행착오를 겪는데, 그중 하나가 바로 말더듬(stuttering)이다. 태어난 지 몇 년 되지 않아 수많은 과정을 거쳐 언어를 습득하면서 어른들과 제법 대화가 가능할 정도로 언어능력이 발달하는 이면에는 말더듬 현상이 있다는 얘기다. 또 하려는 말이 자기의 언어 수준보다 더 높거나 발음이 어려운 단어라면 규하처럼 말을 곧잘 하던 아이도 갑자기 말을 더듬거나 긴 문장을 말하기 어려워한다.

말할 수 있는 단어가 급격하게 증가하고 문법 기능이 포함된 문장들을 표현하기 시작하는 만 2~5세 시기, 말더듬은 언어가 폭발적으로 발달하는 그때 제일 많이 발생하지만 그중 80%는 학령기가 되면 언제 그랬냐는 듯 자연스럽게 회복된다. 그러나 자신이 말을 더듬는다는 사실을 인식하지 못하는 아이들은 오히려 엄마가 드러내는 부정적 태도나 모습을 보고 자신의 말을 조심스럽게 살피기 시작한다. 그렇게 엄마의 부정적인 반응을 여러 번 겪고 자신이 말을 더듬는다는 사실을 알게 되면 그것에 신경을 쓰다가 진짜로 말을 더듬게 되기도 한다.

아이가 말을 더듬을 때 해서는 안 되는 행동 5가지

아이가 말을 더듬으면 엄마는 답답한 나머지 무의식적으로 어떤 반응을 보인다. 아무 생각 없이 반사적으로 하는 행동이지만 그중에는 절대로 해서는 안 되는 것들이 있으므로 꼭 기억하고 의식적으로 걸러내야 한다.

첫째, 아이가 처음 말을 더듬을 때 아이에게서 얼굴을 돌리지 말아야 한다. 처음에는 자신이 말을 더듬고 있다는 사실을 모른다. 자기 말소리를 듣고 아는 게 아니라 부모의 태도와 반응을 보고 문제가 있음을 발견하므로 당황스럽더라도 아이의 눈을 피해서는 안 된다.

둘째, 말을 더듬을 때 아이의 말을 끊어서는 안 된다. 그 순간이 아무리 길게 느껴져도 어떻게든 아이가 스스로 말을 끝마치기까지 참고 기다리며 따뜻한 시선으로 바라봐주어야 한다. 말을 더듬는 순간에 말더듬으로부터 빨리 벗어나게 하려고 아이의 말을 끊을 때가 많은데, 해서는 안 되는 행동이다.

셋째, 아이의 말을 대신해 주지 말아야 한다. 아이가 무슨 말을 하고 싶은지 말하지 않아도 아는 엄마는 답답한 나머지 그 말을 대신해 버리고 만다. 난처한 상황을 빨리 해결해주는 게 도움이 될 거라는 생각에서다. 하지만 말이 다 끝나기도 전에 엄마가 끼어들면 아이들은 좌절감과 실패감을 느껴 오히려 독이 된다. 조금 답답하더라도 말을 대신해 주어서는 안 된다. 힘겹더라도 아이가 스스로 말을 끝맺을 수 있도록 기다려준 뒤 아이가 하고 싶었던 말을 천천히 반복해주며 대화를 이어나가야 한다.

넷째, 아이가 말을 하기 전 눈을 찡그리고 고개를 젖히거나 팔을 휘젓는 등의 행동을 보여도 엄마는 싫다거나 짜증이 난다는 표정을 짓지 말아야 한다. 말더듬의 정도가 심해지면 아이들은 대체로 말을 하려는 순간 얼굴이나 몸을 이용해 말더듬이 드러나는 것을 막으려 애를 쓴다. 자기가 말을 더듬고 있음을 안다는 뜻이다. 이때 엄마가 아이의 그런 행동에 부정적으로 반응하면 아이들은 자신이 잘못했다는 죄책감에 빠져 말더듬 증상이 더 심해질 수 있다.

다섯째, 아이의 말더듬은 따뜻하게 보듬어주어야 할 일이지 훈육의 대상이 아니다. 야단을 치거나 목청을 높이면 고쳐질 거라는 생각은 꿈에서라도 하지 말아야 한다. 자신이 말을 더듬는다는 사실을 알지 못하는 아이들의 엄마는 아이의 언어능력이 정교하고 단단해지길 기다려야 한다. 또 자신이 말을 더듬는다는 사실을 안다고 판단되면 엄마는 아이를 격려하고 지지함으로써 안심을 시켜야 한다. 아이의 말더듬이 듣기 싫어 말할 때마다 고압적인 자세로 훈육을 시도하는 실수를 저질러서는 안 된다.

엄마의 대화법이
아이의 생각을 키워줘요

엄마와 아이가 차례대로 대화를 주고받는 걸 '핑퐁 대화' 혹은 '주고받기(Turn taking)'라고 한다. 핑퐁(ping-pong)은 알다시피 탁구다. 탁구 칠 때 공을 서로 주고받으려면 상대와 내가 하나의 공을 함께 지켜보아야 하고, 상대가 나에게 넘긴 공의 위치로 내 몸을 이동시켜 다시 넘겨야 한다. 그래야 경기가 유지된다.

대화도 마찬가지다. 오랫동안 유지하려면 상대가 하는 말의 주제와 의도를 파악해야 할 뿐만 아니라 마음까지도 읽을 수 있어야 한다. 그러려면 주제 운용능력은 물론 밀접한 관계 속에서 쉴 새 없이 바뀌는 대화 속 정보들을 인식할 수 있도록 돕는 '전제능력(Presupposition skills)'이 필요하다. 하지만 공을 던지는 엄마와 달리 넘어온 공을 되받아쳐야 할 아이들에게는 이 능력이 없다. 만 3세가 되어야 형성되기 시작해 학령기까지 지속적으로 발달하기 때문이다. 따라서 이제 막 말의 꽃을 피우기 시작한 만 3세 전후의 아이와 대화를 오랫동안 유지하려면 먼저 대화를 차례대로 주고받는 능력과 주제 운용능력이 향상될 수 있도록 도와야 한다. 다음은 아이와의 핑퐁 대화를 위한 7가지 방법이다.

경청하기	엄마가 먼저 아이에게 경청하는 모습을 보인다. 아이 말에 귀를 기울이며 '그렇구나. 너는 그렇게 생각하는구나'라고 추임새들을 넣는다. 만약, 말하기 이전의 아이라면 의미 없는 발성이라도 그 자체를 인정하고 고개를 끄덕이거나 모방해 소리를 낸다.
기억하기	뭔가를 기억하려면 그 대상에 집중해야 한다. 대화할 때도 상대에게 오롯이 집중해야 주제에서 벗어나지 않는다. 엄마가 아이와의 대화에서 실수하기 쉬운 것 중 하나가 손에 핸드폰을 들고 있거나 아이의 말을 흘려들으며 집중하지 않는 행위다. 아이들은 엄마가 자기 말에 귀를 기울이는지, 엄마의 눈과 마음이 자기에게로 향하고 있는지 바로 안다. 아직 말을 못 하는 아이들조차 엄마가 자기에게 집중하고 있는지 아닌지를 곧바로 알아채며, 자신에게 집중해 주기를 원한다.
명료화 요구하기	아이는 엄마와의 대화에서 뭔가를 설명할 때 자신이 알고 있는 모든 단어를 다 동원한다. 그래서 종종 말이 장황하다. 그럴 때는 엄마가 아이의 말을 정리해 명료하게 다시 이야기해 주는 것도 좋다.

반응하기	나이를 막론하고 대화 유지를 위해 가장 중요한 덕목은 리액션이다. 내면에 영혼을 간직한 인간이란 존재는 대화 과정에서 서로에게 진심인지 아닌지를 단번에 알아차린다. 아이들 또한 자기가 의지할 수밖에 없는 존재인 엄마라서 반박하지 않을 뿐 엄마가 자기에게 보여주는 반응들이 진심인지 아닌지 바로 안다. 진심으로 대화에 응하면 응할수록 아이들은 더 유쾌한 수다쟁이가 될 것이다.
명료하게 말하기	엄마는 아이에게 건네는 자신의 말이 아이의 눈높이에 맞는지, 간결하고 명료한지 살펴야 한다. 그것은 아이가 알고 있는 단어를 사용하는지, 문장이 너무 길어 끝까지 집중하기 어렵지는 않은지, 앞뒤 맥락을 생략한 채 지나치게 문장을 간결화하는 건 아닌지 확인하는 일이다. 엄마는 아이가 알고 있는 쉬운 단어로, 한 문장 안에 단어의 수가 5개가 넘지 않도록 간결한 문장으로 대화를 나누는 것이 좋다.
설명하기	대화에 아이가 잘 모르는 단어나 상황, 문화들이 나오면 말이 끝난 후 설명을 덧붙여야 한다. 이 방법은 말수 적은 엄마들이 아이와 어떻게 대화를 해야 할지 몰라 막막할 때 유용하다. 다행히 아이의 지식이 엄마의 지식을 넘어서지 않으므로 아이의 입장을 배려한 설명이 충분히 가능하다.
질문과 대답하기	질문의 기본인 '육하원칙'을 이용해 간결하고 쉽게 묻는다. 그리고 가능하면 정확하고 구체적인 질문을 함으로써 아이의 즉각적인 반응을 끌어낸다.

아이의 생각 근육을 키우는 하브루타 대화

히브리어 '하브루타'는 '동반의식, 우정'을 의미하는데, '하브루타 대화법'은 질문은 있지만 정해진 답을 추구하지 않는다. 히브리 대학 엘리 홀저 교수는 생각의 근육을 키우는 하브루타 대화법에 대해 상대방의 의견 존중을 기본으로 하며, 이기는 토론이 아닌 설득력을 갖춘 토론, 즉 '서로의 성장'을 목표로 한다고 설명한다. 이 같은 하브루타 대화법에서의 중심은 '질문'이다. 그리고 '질문'의 바탕은 '경청'이다. 그러므로 먼저 상대방이 무엇을 말하는지 정확하게 듣고 나서 파악해야 한다. 또 질문에 대한 모든 대답은 정답이 된다.

언어치료에서도 하브루타 대화법이 다양하고 유용하게 사용되는 만큼 엄마가 집에서 아이의 언어를 지도할 때도 하브루타 대화법은 아주 좋다. 하지만 아무리 효과가 크다 해도 아이의 언어 수준을 고려하지 않으면 오히려 입을 닫게 할 수 있다. 따라서 두 가지 이상의 지시 따르기 가능, 육하원칙 의문사 이해, 표현어휘 최소 50개 이상, 문장 출현 시작이라는 몇 가지 전제 조건이 충족된 후에 해야 한다.

다음은 집에서 할 수 있는 단계별 하브루타 대화법의 예다.

단계	대화법
1단계	아이가 말하고자 하는 것이 무엇인지 경청한다 아이와 놀이가 시작되자마자 질문을 쏟아붓지 말고 당시 아이의 마음이나 감정에 공감해주며 분위기를 환기시킨다. 아이에게 대화 주제를 던지기 전에 먼저 아이의 마음 상태와 관심사를 관찰한다. 일상 중 당연한 일이라도 아이와 함께 관심을 갖고 오감을 모두 동원해 상황에 내해 폭넓게 생각함으로써 엄마와 아이가 어느 한 가지를 동시에 깊이 집중할 수 있도록 한다. 아이 : ?(찾고 싶은 블록이 사라짐) 엄마 : 뭐 찾고 있어? 뭐가 없어졌어? 아이 : …블록… 엄마 : 원하는 블록이 없어졌구나. 어디로 간 거지? 속상하겠다. 엄마 도움이 필요해? 엄마랑 같이 찾아볼까? 아이 : 응. 엄마 : 그런데 어떤 모양인지 몰라서 찾을 수가 없네. 엄마한테 어떤 모양인지, 무슨 색깔인지 알려줄 수 있어? 아이 : 빨간색, 네모. 엄마 : 알았어. 말해 줘서 고마워. 엄마랑 같이 찾아보자. 같이 하면 금방 찾을 거야.
2단계	가장 쉬운 단계의 질문부터 어려운 질문으로 확장한다 질문에는 답이 정해져 있는 질문과 답이 없는 질문이 있다. 질문을 듣고 구체적이고 명료하게 이해해야 짧게라도 대답할 수 있으므로 아이에게는 가능하면 답이 정해져 있는 간단한 질문으로 시작한다. 그 후 차츰 상황을 추론하고 맥락을 이해하게 되면 답이 없거나 시야에서 벗어난 주제 등 복잡한 단계의 질문으로 넘어간다.

2단계	1. 간단하고 쉬운 질문 　1) 네, 아니오(폐쇄형 질문) 　　엄마 : 물 마실 거야? 　　아이 : 아니 　　엄마 : 이거 줄까? 　　아이 : 응 　2) 선택형(엄마 질문을 듣고 선택해 대답하는 질문) 　　엄마 : 사탕 줄까? 초콜릿 줄까? 　　아이 : 사탕 줘 　3) 단답형(엄마의 답을 듣고 따라 하는 질문) 　　엄마 : 엄마는 지금 살래. 너는? 　　아이 : 나도 지금 살래. 2. 복잡하고 어려운 질문 　1) 어떻게(수단, 방법을 묻는 질문) 　　어떻게 된 거야? 어떻게 됐을까? 　　어떻게 그런 생각을 했어? 　2) 왜(추론하는 질문) 　　왜 그래? 왜 그럴까? 　　왜 그렇게 생각해?
3단계	대답이 없으면 물러나야 한다 질문을 듣고도 아이가 대답을 안 할 때가 있는데, 그 또한 '침묵'이란 형태로 나타내는 반응이다. 그럴 때는 대답을 듣기 위해 같은 질문을 무한 반복하지 말고, 아이와 눈을 마주한 상태로 한 번만 다시 질문한 뒤 대답이 없으면 물러난다. 엄마 : 누가 그런 거지? 아이 : ……. 엄마 : 누가 그런 건지 몰라? ○○이 그랬나?

3단계	아이 : …… 엄마 : 누가 그런 건지 모르는구나. 엄마도 잘 모르겠네. 우리 이제 저쪽으로 가볼까?
4단계	엄마의 질문을 먼저 성찰한다 아이가 대답을 안 할 경우, 아이에게서 문제를 찾기보다 엄마의 질문이나 문장 길이, 단어 선택에 문제는 없었는지 먼저 성찰한다. 만약, 아이에게 어렵게 느껴지는 질문이었다면 아이의 언어 수준에 맞게 고쳐 다시 질문한다. 하브루타의 기본 목표는 서로의 성장이므로 대화를 통해 아이도 엄마도 서로 생각의 폭을 넓힐 수 있어야 한다. 그러려면 아이의 의견에 깊이 있는 질문을 함으로써 생각의 확장이 일어나도록 노력해야 한다. 아이 : 엄마 화났어? 엄마 : 아니, 엄마는 우리 ○○이가 뛰다가 넘어지면 다칠까 봐 너무 걱정되니까 목소리가 커지고 얼굴이 찌푸려지는 거야. ○○이가 아프면 엄마가 너무 속상하잖아. 무슨 말인지 알지? 아이 : …… 엄마 : 엄마 화 안 났어. ○○이가 다칠까 봐 걱정한 거야. 그래서 목소리가 커지고 화난 얼굴이 됐어.

과거 나는 엄마가 아이에게 인풋(Input)을 주고 아웃풋(Output)을 끄집어내기만 하면 되는 단순한 과정을 언어치료라 생각했다. 하지만 언어를 연구하면 할수록 어린아이가 특정 언어를 자유자재로 구사하는 것이 얼마나 대단한 일인지를 새삼

돌아보게 된다. 말이란 화자, 감정, 대화 시점 등 각각 다른 다양한 환경에 따라 유동적으로 바뀌는 변화무쌍한 도구이기 때문이다.

아이들은 엄마의 질문에 즉시 대답을 못하거나 엉뚱한 대답을 할 때가 있다. 그런 상황이 벌어지면 엄마는 그 이유를 대부분 아이에게서 찾으려 한다. 하지만 거기에는 여러 가지 이유가 있는데, 그중 하나가 바로 엄마의 질문 방식이다. 화자인 엄마에게는 사건과 사물 등에 관한 전제능력뿐 아니라 대화의 맥락에 대한 기본적인 이해가 있어 문장을 간단히 줄여 말하거나 '거기, 그거, 지난번' 등의 대용어를 사용하기도 하지만, 아이의 시점에서 보면 그런 엄마의 질문은 너무 어려워 질문 자체를 이해 못할 수도 있다. 따라서 아이의 즉각적인 반응을 끌어내기 원한다면 항상 명료하고 구체적으로 질문해야 한다.

마지막으로 한 가지 꼭 명심해야 할 것은 모든 질문의 대답에는 정답이 없다는 사실이다. 아이의 대답이 엄마가 생각했던 범주에서 벗어났다고 해서 틀린 게 아니다. 그러므로 아이와 함께하는 성장을 목표로 아이의 대답에 중심을 두고 '하브루타 대화법'을 실천해야 한다.

5장

언어발달을
가로막는 장애물을
제거해 주세요

영상 미디어에
관대한가요?

4차 산업혁명 시대가 되면서 쏟아지는 정보를 활용해 생각을 표현하는 '미디어 리터러시(Media Literacy)' 능력이 필수가 되었다. 그 때문인지 영유아들마저 TV, 태블릿 PC, 스마트폰 등을 장시간 접하게 되었을 뿐만 아니라 그것들을 활용한 교육이 유익하다고 여기는 부모도 늘고 있다. 게다가 코로나 바이러스로 성큼 다가온 언택트(Untact) 환경은 영유아들이 미디어에 노출되는 시기를 훨씬 앞당겨 버렸다.

그런데도 엄마는 영유아에게 TV나 스마트폰을 이용해 오랜 시간 영상을 보여주는 것에 대해 무의식적으로 거부감을 느낀다. 그것들이 가진 여러 순기능은 인정하지만 오랜 시간 지속해서 영상을 보게 되면 부작용이 생긴다는 걸 막연하게라도 알기 때문이다. 그러면서도 왜 많이 보여주면 안 되는지, 언제부터 보여주는 게 좋을지는 깊이 고민하지 않는다.

육아정책연구소에서 수도권 지역 만 2세 이하 영아를 포함한 영유아 부모 1천 명을 대상으로 '영유아 미디어 노출실태'를 조사(이정림 외, 2013)한 결과로는 '영아의 스마트폰 사용에 대한 부모 인식' 항목에서 '별다른 영향을 주지 않음(33.1%), 긍정적(21.4%), 부정적(18.8%)'의 순이었다. 50% 이상의 부모가 영유아의 미디어 노출에 긍정적이라고 답한 것이다. 그리고 미디어에 대한 인식이 긍정적인 부모일수록 영유아들의 미디어 노출 시기와 이용률이 더 빠르고 높았으며, 유아들은 대체로 미디어를 재미있는 놀잇감으로 인식하는 경향을 보였다고 한다. 또 부모가 스마트폰에 대해 관대할수록 영아의 스마트폰 과몰입 정도가 높게 나타났다는 연구도 다수(이어리·이강이, 2012. 장영애·박정희, 2007. Bittman 외, 2011) 있다.

위에서 언급한 연구들은 부모의 인지와 결정에 따라 아이들이 미디어에 노출되는 시기가 결정되며, 아이의 스마트폰 중독 및 과몰입의 가장 큰 원인은 양육자의 인식과 양육 태도에 있음을 보여준다. 그리고 미디어를 대신할 건전하고 재미있는 놀이 환경을 조성하지 않으면 유아들의 미디어를 통한 놀이를 제어하기 어렵다는 사실을 유추케 한다.

아이가 미디어에 중독되면 어떻게 될까? 모든 영역의 발달이 전반적으로 늦어지지만, 특히 실제로 사람들을 만나 관계를 맺는 경험이 부족하고 관계가 일방적이어서 정서 및 사회성 발달이 원만하게 이루어지지 않는다는 연구(이정림 외, 2013)가 있다. 또 공감능력 결여로 공격성의 정도가 심각하며, 스마트폰에 중독된 유아들은 자기 중심성이 강하다고 한다. 자기만 안다는 뜻으로 타인에 대한 배려 부족, 협동심 결여, 지나친 개인주의 성향 등 다양한 문제를 불러일으킬 수 있다.

이렇듯 유아기에 타인의 행동이나 관점을 이해하는 조망능력을 학습할 기회를 놓치면 향후 반사회적인 행동의 원인이 될 가능성이 크며, 타인과 마음을 나누고 생각하며 공감하거나 감정 표현도 미숙해져 자존감 증진 기회 또한 차단된다. 뿐만 아니라 너무 어린 나이부터 미디어를 접하기 시작하면 엄마와의 소통 시간이나 스스로 창의적인 놀이를 할 기회가 줄어든다. 또 장시간 동안의 미디어 사용은 시력 저하, 수면 장애, 산만함, 폭력성의 발현 등 신체적, 정신적, 사회적인 부분에서도 문제를 일으킬 수 있다. 이미 머리가 커진 청소년들조차도 인터넷이나 게임 중독에 빠지면 걷잡을 수 없는 큰 고통을 겪는다. 하물며 태어난 지 얼마 안 된, 모든 세포가 성장 중인 영유아들에게 과다한 미디어 노출은 어쩌면 치명적일지도 모른다.

그렇다면 언어와 미디어는 어떤 관계가 있을까?

동탄성심병원 소아청소년과에서 1년여에 걸쳐 언어발달 지연을 보이는 아이를 대상으로 미디어 노출 시간과 시기, 형태를 분석(조민수 외, 2017)한 걸 보면 63%가 하루 2시간 이상 노출되었으며, 95%가 생후 24개월 이전인 영아기에 미디어를 접한 것으로 나타났다. 또 그중 혼자 미디어를 시청한 아이가 79%에 달했다고 한다. 이른 시기, 장시간의 미디어 노출이 언어발달 지연으로 이어지며, 부모 없이 영유아 혼자 미디어를 시청하는 행위가 언어발달에 부정적 영향을 미친다는 사실을 뒷받침하는 결과다. 또 소아정신과 의사 신의진은 0~3세 미만의 영아가 미디어 매체에 노출되면 뇌 발달에 불균형을 초래해 많은 부작용을 낳을 수 있으며, 어릴수록 디지털 기기에 중독될 확률이 높아진다는 점을 기억해야 한다고 말했다.

이처럼 여러 연구에서 첫 단어 출현 전인 10개월 전후에 TV에 노출된 영아들에게서 언어발달 지연이 나타났으며, 만 2세 이하 영아의 TV 시청이 언어발달에 부정적이라는 결과가 나왔다. 돌 이전의 영아가 하루에 2시간 이상 TV에 노출되면 언어발달 지연의 위험이 6배로 높아진다는 연구 결과도 있다. 그 때문에 미국소아과학회(American Academy of Pediatrics, AAP)에서는 만 2세 이하의 아이에게 미디어 시청을 제한하도록 권장한다.

인간의 뇌는 타인과의 상호작용 속에서 활성화가 이루어지며, 언어는 그런 과정을 통해 발달한다. 빠르게 지나가는 영상은 시각중추만을 자극할 뿐 사고(思考)를 담당하는 전두엽을 활성화시키지 못한다. 상호작용이 어려운 미디어는 언어의 발달을 지연시키는 부정적 영향을 끼친다는 얘기다.

엄마가 아이에게 미디어 시청을 허락하는 이유는 아이가 좋아하기 때문이거나 공공장소에서 타인에게 피해를 주고 싶지 않아서일 때가 많다. 교육을 위해 영상매체를 접해야만 하는 어쩔 수 없는 환경도 있다. 또 아이들이 살아갈 미래는 '미디어 리터러시'를 얼마나 보유하고 있는가에 따라 삶의 만족도가 달라질 가능성도 크다.

그럼에도 불구하고 어릴 때의 미디어 노출은 심각하게 고민해야 한다. 급변하는 세상에서 우리 아이만 뒤처지는 건 아닐까 불안한 마음에 하나둘씩 허용한다면 언어뿐만 아니라 여러 면에서 어느 순간 통제가 안 될 정도로 문제가 커질 수도 있다. 그나마 다행인 건 영유아는 엄마가 미디어로의 접근을 조절할 수 있다는 점이다. 엄마가 스마트폰이나 TV에 열중하기보다는 아이에게 독서나 다양한 놀이를 경험하게 하면서 공유한다면 자연스럽게 영유아가 미디어에 노출되는 시간을 줄일 수 있다. 어쩔 수 없다면 엄마와 함께 제한된 시간에만 시청하면서 상호작용의 수단 안으로 끌어들여야 한다.

아이가 엄마와의 추억을 차곡차곡 쌓으면서 내공을 단단히 다져 안정되게 언어를 발달시키도록 하려면 미디어에 아이를 맡기는 시간을 줄이려 노력해야 한다. 미디어는 그 후에 접하더라도 전혀 문제 되지 않는다.

세이펜은 엄마의 말을
대신할 수 없어요

규하를 키우며 동네 엄마들과 공동육아를 할 때의 일이다. 엄마가 처음인 사람이 대부분이라 대화를 하다 보면 화제는 늘 '육아템'과 교육으로 흘러갔다.

육아템은 우리 중 홀로 둘째를 키우고 있는, 소위 '육아빨아이템'을 많이 아는 엄마를 필두로 그녀가 사용하고 있거나 추천하는 물건들은 다들 묻지도 따지지도 않고 사기 바빴다. 하지만 그것들은 아이의 빠른 성장으로 인해 얼마 지나지 않아 모두 처치 곤란이 되었다.

또 하나의 화제인 교육에 있어 주된 관심은 책이었다. 어느 날, 가까이 지내던 한 엄마의 집에 놀러 갔는데, 아이가 색연필

보다 좀 더 커 보이는 펜처럼 생긴 물건으로 책을 콕콕 찍어대고 있었다. 그런데 그때마다 그 물건에서 또랑또랑한 말소리가 흘러나오는 것 아닌가!

깜짝 놀라 물었다.

"그게 뭐예요?"

"세이펜이라는 건데 요즘 필수 육아템이에요."

그 집에는 내 눈에만 보이는 세이펜이 두세 개는 되었다.

"그게 뭐가 좋아요?"

궁금해 묻자 그녀가 대답했다.

"아이가 똑같은 책을 몇 번이고 읽어달라고 하잖아요. 그때마다 세이펜을 주면 아주 편하고 좋아요."

알고 보니 나와 함께 공동육아를 하는 엄마들은 집에 세이펜을 한두 개쯤은 다 가지고 있었다.

아날로그 성향이 강한 나에게는 그 펜이 매력적이지도, 아이들의 언어발달에 도움이 될 만큼 신통방통해 보이지도 않았다. 다만, 그것이 내뱉는 말소리가 신기해 아이들의 흥미를 얼마간은 유도할 수는 있겠구나 싶었다. 그렇다고 해서 아이가 그 소리를 듣고 그것과 교감을 나누거나 대화를 주고받으면서 상호작용을 하는 건 아니다. 언어 및 인지발달에 필요한 신경회로를 자극할 수 없다는 뜻이다. 장난감으로써 세이펜은 문제 되지 않지만, 그것이 아이의 언어를 적극적이고 효과적으로 촉진해 줄 것이라는 기대는 안 하는 게 좋다.

아이들은 엄마가 원하는 방식에 따라 빠르면 백일 전부터, 늦게는 돌 전후에 '책'을 접하기 시작한다. 책 읽어주는 엄마의 목소리를 통해 책을 경험하며 귀를 기울인다. 아이가 어릴수록 엄마의 목소리보다 아이의 귀를 자극할 수 있는 도구는 없다. 세이펜으로 한 단어를 열 번 듣는 것보다 한 번 듣는 엄마의 생생한 목소리가 아이의 뇌를 더 자극시킨다.

한 연구 결과를 보면 영유아를 키우는 엄마들은 아이들이 책이나 학습지보다 교육용 애플리케이션을 통해 더 즐겁게 학습한다고 여기며, 다양한 애플리케이션의 사용이 아이의 언어 학습에 매력적인 교육수단이 되리라고 기대한다(권연정, 2014)고 한다. 또 아이에게 방해받지 않고 다른 일을 하거나 아이를 달래기 위해 활용하기도 하는데, 엄마들의 이러한 인식은 필연적으로 영유아의 디지털 기기 사용을 증가시킬 수밖에 없다. 그 증거가 바로 해마다 늘어나는 세이펜 같은 각종 교육용 도구와 애플리케이션들이다.

이처럼 하루하루가 급격하게 달라지면서 사회는 디지털 기기에 점점 더 많은 시간 쉽게 노출되는 환경으로 바뀌어 가고 있다. 또래 친구보다 기기 사용능력이 뒤처지면 놀림감이 되기도 한다. 하지만 이런 현실에서도 나는 규하를 걱정하지 않는다. 미리 알려주지 않아도 아이들의 습득력은 너무나 빠르다는 걸 매일매일 눈으로 체감하기 때문이다. 지금도 규하는 누가 알려주지 않았는데도 그림판을 열어 도형들을 그리고, 건물을 만들거나 체스와 장기를 두며 즐거워한다. 키보드 각각의 기능을 나보다 더 잘 안다.

우리 집엔 세이펜도 TV도 없다. TV는 이미 규하가 태어나기 1년 전에 없애 버렸다. 다행히 남편과 나는 TV가 없어도 크게 불편해하지 않는다. 오히려 침묵으로 시작하는 고요한 일상을 좋아하는 편이다. 그래서 규하도 자연스럽게 TV 없는 삶을 살고 있다. 주위 아이들이 동영상에 열중하며 핸드폰을 만지작거려도 그게 무엇인지 모르니 관심을 두지 않는다. 잠자리에서는 엄마의 목소리를 빌어 좋아하는 책을 읽으며 꿈나라로 빠져든다.

어쩌면 규하가 학교에 가고 엄마보다 친구가 더 소중하게 자리 잡는 때가 오면 슈퍼 인텔리전스(인간의 능력을 초월하는 인공지능)가 세상을 움직이는 삶에 적응하며 살게 될지도 모른다. 그래도 바람이 있다면 우리 아이만큼은 느리더라도, 그래서 자신의 목표에 천천히 가닿더라도 좀 더 오래 아날로그적이고 자연

친화적으로 살다 서서히 편리함을 추구하는 삶으로 옮겨가면 좋겠다.

앞으로도 우리 집에는 세이펜도 TV도 없을 것이다. 부모와 함께 자신의 삶을 지탱해 줄 추억들을 충분히 쌓고, 문명의 변화를 감당해낼 만큼 단단한 힘이 생겼을 때 그 문을 열어주어도 늦지 않다는 걸 알기 때문이다.

모국어를 잘해야
제2언어도 잘해요

이중언어를 구사하는 아이는 만 3세 이전에 동시에 두 개 이상의 언어를 습득하는 아이와 먼저 모국어를 습득한 뒤 다른 언어를 습득하는 아이의 두 가지 유형으로 나눌 수 있다.

예전에는 아이들 대부분이 생후 몇 년 동안 한국어에만 노출되다가 나중에서야 또 다른 하나의 언어를 습득(순차적 이중언어, sequential bilingualism)하는 게 일반적이었다. 하지만 다문화 시대인 요즘에는 태어나면서부터 두 개의 언어를 함께 들으며 습득(동시적 이중언어, simultaneous bilingualism)하는 아이들도 많다.

우리나라 최초의 이중언어 아동 전문가인 이화여대 임동선 교수는 이중언어를 하는 아이의 언어발달 과정에는 단일언어만

하는 아이의 언어발달과는 다른 과정, 즉 언어간섭(interference), 언어체계 전환(codeswitching), 언어손실(language loss), 중간어 (interlanguage) 등이 존재한다고 설명한다.

이중언어 환경에서 자라는 아이는 그 환경 자체가 인지 및 언어발달에 부정적인 영향을 줄 수 있으며, 그렇게 되면 언어발달이 늦어지기 쉽나. 언어 환경이 단일언어인 아이보다 이중언어인 아이에게서 제1언어인 모국어 발달에 지체 현상이 더 많이 나타나는 것 또한 사실이다. 하지만 그렇다 해도 정상적인 언어능력을 보유했다면 보통 만 5~6세 이후에는 단일언어 환경의 아이와 같은 수준으로 말을 구사하게 된다. 이중언어 아이와 단일언어 아이 사이의 언어발달 간 차이가 시간이 지나면서 사라지는 것이다.

또 이중언어를 구사하는 아이 중 언어발달장애를 겪고 있는 아이들을 조사한 결과 간혹 제2언어에서 대명사의 생략과 대치, 관사, 전치사뿐만 아니라 숫자 오류, 시제, 인칭 등의 형태 통사론적인 결핍을 드러내는 특성이 보인다는 연구(Restrepo, 1998)도 있긴 하나 이 역시 이중언어 사용 자체에 원인이 있다기보다는 언어를 처리하는 능력의 선천적 결함(Erika Hoff, 2006) 때문이라고 보는 연구자들이 더 많다. 즉, 만 5세 이후에도 말이 느린 이중언어 아이의 경우에는 이중언어의 사용이 아이의 말을 느리게 만들었다기보다 언어발달을 가능케 하는 기저능력에 문제가 있었을 거라고 판단한다는 뜻이다.

이중언어 환경에 놓인 아이는 처음엔 자신이 듣는 두 개의 언어를 결합해 하나의 체계를 만들고 두 언어 모두에 동일한 문법 규칙을 적용한다. 그러다 만 3세쯤 되면 두 언어의 체계를 완전히 분리해 같은 사물에 각각 다른 언어를 사용한다. 두 가지 언어체계를 모두 가지게 된 것인데, 이는 두 단어가 서로 다른 언어에서 나왔음을 이해하고 있다는 의미를 내포한다. 두 언어는 그렇게 서로 영향을 받으면서 발달한다.

이 같은 과정을 거치면서 이중언어 환경에서 자라는 아이들 대부분이 모국어를 성공적으로 습득하지만, 그렇다고 그것이 제2언어 습득의 성공을 보장한다는 뜻은 아니다. 다만, 모국어의 숙달 정도에 따라 그 성공의 정도를 알 수는 있다. 제2언어 능력은 모국어 능력을 넘어서지 못하기 때문이다. 달리 말하면, 모국어의 숙달 정도로 제2언어 구사가 어느 정도 가능한지에 대한 예측이 가능하다는 얘기다.

이중언어 환경에 속한 아이가 하나의 언어를 습득하는 아이보다 더 많은 것을 배워야 한다는 건 누구도 부정할 수 없는 사실이다. 또 두 언어의 발달속도가 다를 수 있으며, 아이들은 노출된 양만큼 언어를 습득하므로 더 자주 사용하는 언어가 우세해질 수밖에 없는 현실도 인정해야 한다. 따라서 아이가 두 언어를 모두 잘 습득할 수 있도록 환경을 조성해야 한다.

언어치료사로서 나는 부모가 말이 달라 일상에서 두 언어를 사용해야 하거나 혹은 사회가 두 개의 언어를 요구하는 등 '진정한 이중언어 환경'이 아니라면 만 3세 이전 아이에게 적극적으로 이중언어를 가르치는 것에 반대한다. 특히, 선천적으로 언어 습득 기제가 약한 아이들은 이중언어 습득이 모국어 배우기를 방해해 언어발달 지체를 겪게 될 가능성도 있다.

어떤 엄마는 태교의 일환으로 아이가 태어나기 전부터 영어 동요를 들려주거나 영어 그림책을 읽어준다. 잘못은 아니다. 하지만 아이들이 모국어인 한국어를 얼마나 잘 구사하는가가 제2 언어인 영어 습득 정도에 영향을 미친다는 점을 분명히 기억해야 한다. 언어의 습득이란 한국어나 영어라는 각각의 도구를 습득하는 게 아니라 그것들을 모두 다룰 수 있는 기술을 습득하는 일이다. 그러므로 아이가 언어를 다룰 수 있는 원천기술을 습득하도록 지원해야 하는데, 그것이 바로 '엄마의 모국어'다.

만 3세 이전에 모국어와 영어를 구사할 수 있는 이중언어 아이로 키우기 위해서는 언어의 기술을 알려주는 엄마가 영어를 모국어처럼 자유자재로 다룰 수 있을 정도여야 한다. 그리고 아이에게 두 가지 언어를 최대한 비슷한 양으로 들려주어야 한다. 그렇지 않다면 모국어인 제1언어가 어느 정도 자리 잡고 난 뒤에 제2언어를 배우도록 해야 한다. 앞에서 말했듯 태어나면서부터 이중언어 환경에 놓인 아이들이라도 제2언어가 말의 바탕인 제1언어를 뛰어넘기는 어렵기 때문이다.

아이가 현실에서 두 언어를 꼭 배워야만 하는 '진정한 이중언어의 환경'에 놓인 경우가 아니라면 적어도 만 3세까지는 모국어 능력을 지켜본 뒤에 제2언어를 가르치는 게 좋다. 그래야 새로운 언어라는 변수가 모국어의 발달을 방해하는 우를 범하지 않는다.

책도 잘 만나야
좋아진답니다

엄마나 아빠는 '트림'이라는 거대한 과제를 해결하기 위해 아이를 안고 등을 두드리며 온 집안을 걸어 다닌다. '트림'은 모유나 분유 등을 먹을 때 함께 삼킨 공기를 입 밖으로 내보내기 위해 반드시 해야 하는데, 제때 못 하면 배가 더부룩해져 칭얼거리거나 공기가 배출되면서 토를 하기도 한다. 고개를 못 가누는 아이들이라면 자칫 위험한 상황을 맞을 수도 있다.

내가 '물 마시자'라고 말하지 않는 이상 절대로 먼저 물을 찾지 않던 규하는 진노랑 소변을 자주 보았다. 그래서 평소에 틈만 나면 아이 입에 빨대가 달린 컵을 습관적으로 들이밀었다. 한참을 그랬더니 이제는 알아서 물을 마신다. 빠르면 두 돌을 전후해 시작하는 배변 훈련도 마찬가지다. 신호를 느낀 아이가 바지를 내리고 변기에 앉을 수 있도록 하려면 동작 하나하나를 세밀하게 가르쳐주어야 한다. 흔히 '아이들은 혼자 내버려두면 스스로 알아서들 잘 큰다'고 말하지만, 그것은 세 돌이 훨씬 지나 엄마의 손을 타지 않을 정도가 되었을 때나 가능하다. 세 살 이전 아이를 키우는 엄마는 아이가 혼자 무언가를 하게 하려면 아주 작은 것부터 하나하나 꼼꼼히 알려주어야 한다. 그렇게 여러 번을 해봐야 스스로 할 수 있다.

책 읽기도 마찬가지다. 생각보다 많은 과정을 거쳐야 한다. 맨 앞장을 펼치는 것부터 오른쪽에서 왼쪽으로 넘기는 것 등 일련의 행동을 하나하나 익혀야 한다. 무엇이든 입으로 탐색하는 구강기의 아이들은 크든 작든 엄마가 준 책을 입에 물고 빨아댄다. 아무리 재미있는 책이라도 곧바로 한 장 한 장 페이지를 넘기며 읽지는 못한다.

우리는 누워만 있던 아이가 허리를 세우고 앉아야 책을 보여주기 시작하는데, 나는 이 시기의 아이들이 책을 물고 빨아서 나름의 방법으로 책과 인사하는 과정이 꼭 필요하다고 생각한다. 책을 충분히 탐색할 수 있는 시간을 주고 방해하지 않아야 아이가 책에 두었던 관심을 유지하기 때문이다. 따라서 처음 책을 줄 때는 아무렇게나 물고 빨 수 있는 헝겊책 종류가 좋다. 그렇게 빠는 욕구가 충족되고 탐색이 끝난 다음 책을 읽어주는 게 좋은데, 그러고 나면 아이는 책이라는 장난감을 가지고 놀 준비를 시작한다.

책 읽는 시기는 어릴수록 좋지만 그보다 더 중요한 것은 책을 접하는 방법이다. 어떻게 책을 만나는가에 따라 책을 좋아하게 할 수도, 싫어하게 만들 수도 있다. 다음은 언어발달의 측면에서 책을 소개하는 7가지 팁이다.

하나. 돌 이전에는 찢어지기 쉬운 얇은 종이책보다는 부들부들하고 바스락 소리가 나는 헝겊 책이 좋다. 그리고 구강기가 지나면 두꺼운 하드커버 책을 준다. 이때는 내용보다는 어떻게 펼치는지, 펼치고 무엇을 하는지, 페이지를 한 장 한 장씩 넘기는 방법을 알려주는 정도면 족하다.

둘. 아이와 책을 동시에 바라본다. 생후 6개월까지 종일 누워만 있는 시기에는 아이 옆에 누워 두 사람의 얼굴 가운데에 책을 놓고 펼쳐 보여준다. 돌 전후 앉는 게 가능한 아이는 엄마 앞에 앉힌 다음 함께 책을 마주본다. 이때 귀에 대고 편안한 목소리로 책을 읽어주면 아이의 마음이 안정된다.

셋. 두 돌 전 아이에게는 그림책에 나오는 글자를 똑같이 읽어주기보다는 한 개 혹은 두 개 정도의 단어로 그림을 이야기해 준다. 그림책에 나오는 동물의 울음소리나 동작을 소리로 들려주면서 재미있고 다양한 의성어와 의태어의 세계를 경험하게 한다. 또 그림에 나오는 물건의 이름, 색깔, 모양 등을 일컫는 다양한 명사 단어를 들려준다. 단, 엄마와 아이가 함께 책을 읽을 때는 아이에게 엄마 말을 따라 하도록 강요해서는 안 된다. 책 읽기는 말 그대로 읽기, 즉 이해능력을 향상하기 위한 과정의 하나다. 아이들에게 새로운 단어들을 들려주고, 그 단어를 자신의 것으로 흡수시키는 정도만으로도 그 시기의 책 읽기로는 충분하다.

넷. 두 돌이 되면서부터는 단순히 책을 읽어주기보다는 책이라는 장난감을 사용해 대화를 이끈다. 처음부터 끝까지 꼭 다 읽을 필요는 없다. 아이가 특정 페이지를 선호하면 그 페이지를 함께 보며 이야기를 나누기만 해도 된다. 책은 엄마와 아이의 대화를 연결하는 매개체일 뿐 주체가 아니다. 책에 나오는 모든 글자를 꼭 다 읽어야 한다든지, 이야기에서 교훈을 얻어야 한다든지 하는 강박관념은 내려놓자. 아이에게 책은 장난감 중 하나가 되어야 한다.

다섯. 세 돌 전후 아이와는 그림을 보며 다양한 의문사 질문을 통해 아이의 말을 끌어낸다. 단, 지나치게 대답을 강요할 필요는 없다. 한두 번 질문했을 때 대답하지 않으면 바로 아이가 해야 할 말을 엄마가 대신해 준다. 아이는 엄마가 책 읽는 소리를 듣는 것만으로도 충분하다.

여섯. 엄마가 평소에 책을 가까이하는 모습을 보여준다. 아이들은 자기 책 외에 부모가 읽는 책에도 관심을 보인다. 그러면서 세상에는 다양한 책들이 있음을 알게 된다. 아이들 동화책도 좋고, 어른들 소설이나 전문서적, 영어책 등을 읽어도 좋다. 아이는 엄마 아빠가 보는 책들의 그림이나 글자 모양, 크기가 서로 다른 것을 보며 새로운 책들을 자연스럽게 받아들인다.

일곱. 시각 자극의 끝판왕인 영상매체에 최대한 늦게 노출시킨다. 아이들은 화려하고 자극적인 영상들에 빨리, 자주 노출될수록 책과 멀어진다. 아무리 재미있는 책이라도 시시해 보인다. 아이에게 종이책이 주는 정서를 오랫동안 간직하도록 하려면 책 읽는 습관이 삶의 한 부분으로 자리 잡고 난 후 책보다 자극적인 매체들을 스스로 조절하면서 접할 수 있을 때 보도록 하는 게 좋다.

아이와 책을
사랑에 빠뜨려 주세요

가정문해능력(family literacy)이란 말이 있다. 문해능력이란 문자를 읽고 쓰는 능력이다. 유네스코에서는 "다양한 내용에 대한 글과 출판물을 사용해 정의, 이해, 해석, 창작, 의사소통, 계산 등을 할 수 있는 능력"이라고 정의했다. 즉, 언어능력이 바탕이 되는 것인데, 언어능력은 학교나 교육기관에서의 학습이 아닌 가정에서 그 기초가 마련되므로 '가정문해능력'이라고 한다.

한 가정의 문화로 자리매김할 수도 있으며, 어쩌면 세대를 거쳐 이어질 수도 있는 이 문해능력은 절대로 가볍게 볼 일이 아니다. 아이가 인생에서 책과 얼마나 깊은 사랑에 빠지는가를 결정짓는 거룩한 습관이 가정에서부터 시작됨을 의미하기 때문이다. 또 아이의 삶에 고스란히 스며들면 인생을 좌우할 수도 있는 능력이기도 하다. 그래서 나는 '가정문해능력'이란 말을 알게 된 순간부터 내 아이가 생기면 무슨 일이 있더라도 이 능력만큼은 물려주리라 다짐했다.

부모나 유년시절의 환경 선택이 불가능한 아이들은 자기가 살고 싶은 삶이든 아니든 생활 속에서 자연스레 부모의 삶을 만나면서 그 환경에 익숙해진다.

결혼 5년 만에 어렵게 찾아온 생명과 마주한 나는 한 번도 경험해보지 못한 일들을 치르느라 규하가 생후 50여 일이 될 때까지 정신을 차릴 수 없었다. 두 달쯤 지나서야 겨우 신생아의 생활에 익숙해졌고, 조금씩 깊은 잠을 이루기 시작했다.

그러던 어느 날이었다. 몸을 못 가눠 안아주지 않으면 오랜 시간을 누워만 있어야 하는 갓난이 규하와 내가 그 힘든 시기를 견뎌내려면 뭔가를 해야 한다는 생각이 들었다. 그때 불현듯 머릿속에 스쳐 지나간 게 '책'이라는 단어였다. 그날부터 나는 알아듣든 말든 아이와 똑같은 자세로 옆에 누워 소리 나는 헝겊책이며 알록달록한 그림책들을 들이밀었다. 규하는 처음에는 정말 딱 3초밖에 집중을 못했다. 노랫소리가 나는 책일 때는 그나마 5초 정도로 늘긴 했다.

나는 틈만 나면 규하와 나란히 누운 채 손을 쭉 뻗어 책장을 한 장 한 장 넘겼다. 그랬더니 처음에는 흐릿하던 규하의 눈빛이 시간이 흐를수록 책 어딘가로 초점이 맞춰지는 것 같았다. 그러다 백일 즈음에는 내 손가락을 따라 눈이 움직였다. 뒤집기를 시전하는 걸 보고 나서는 물고 빨더라도 헝겊책을 규하의 주변 어딘가에 가져다 놓았다. 그리고 책을 향해 손을 뻗거나 미미한 반응이라도 보이면 얼굴 가까이에서 환한 엄마 미소를 뿅 발사했다. 의자에 앉아 있는 게 가능한 때부터는 의자에 선반을 끼워 규하가 선호하는 책을 올려주거나 마주앉아 책을 넘겨주었다. 물론, 장난감도 올려주었다.

규하는 엄마가 책 넘기는 모습을 보면서 책 넘기는 법을 배웠다. 또 엄마가 책 속 그림을 짚어가며 뭔가 이야기하는 모습을 보며 그림에 이름이 있다는 사실도 알게 되었다. 알록달록한 그림에 들어 있는 색의 이름도 알려주고, 행동을 묘사한 그림을 보면서는 직접 따라 하면서 관심도 끌었다. 어떤 그림을 볼 때는 깔깔깔 웃다가 어떤 그림에서는 깜짝 놀라기도 하는 엄마의 모습에서 규하는 그림 속에 이야기가 들어 있음도 알게 되었다. 네 살이 된 지금까지 한 번도 내가 먼저 책을 보자거나 책을 봐야 한다고 말하지 않았다. 그러자 언제부터인가 항상 규하가 먼저 "엄마, 책 보고 싶어. 책 보고 잘 거야." 하고 말한다. 그렇게 규하는 책과 사랑에 빠졌다.

이렇게 되기까지는 두 가지가 주효했다.

하나는 가정문화였다. 규하가 태어나기 전에 우리 부부는 집에서 TV를 없앴다. 아이들은 경험하지 않은 세상에 대해서는 절대로 떼를 쓰지 않는다. 태어나면서부터 강렬한 시각적 자극에 노출된 경험이 없는 규하에게 지금까지도 책이 유일한 시각 자료로 가치를 발휘하고 있는 이유다. TV가 만들어내는 소리가 사라지자 나와 남편도 책과 더 가까워졌다. 간간이 찾아오는 적막감은 좋아하는 비틀즈 노래 한 소절로 풀었는데, 어느 순간부터는 어색한 침묵의 시간마저 하나도 불편하지 않았다. 지금은 아빠가 책을 넘기면 규하도 책장으로 달려가 자신의 책을 한 권 꺼내 와서는 질세라 서둘러 책을 넘긴다. 그러면 나도 거실 한쪽에 앉아 조용히 그 시간을 함께 즐긴다.

또 하나는 '습관'화였다. 하지만 나는 규하가 다른 욕구가 있거나, 컨디션이 좋지 않거나 등등 여러 가지 이유로 책에 관심을 보이지 않을 때는 억지로 책을 보게 하지 않았다. 어떤 것에 관심을 두고 습관화하려면 긍정적인 이미지가 형성되어야 한다. 단 한 번이라도 부정적인 느낌을 받으면 그 후부터는 이전처럼 매달리지 않는다. 아이가 원치 않는 상황임에도 불구하고 똑같은 시간에 억지로 반복시켜 습관화시키겠다는 생각은 매우 위험하다. 처음엔 몰라도 서서히 손에서 책을 놓게 만드는 악수가 될 수도 있다.

어릴 때부터 집에서 아이에게 그림책을 보여주고 책을 어떻게 넘기는지, 책 안에 있는 그림과 글자에 어떤 의미들이 들어 있는지, 어떤 이야기를 전달하려 하는지에 대해 엄마와 아이가 같이 이야기하는 습관화된 책 읽기는 아이와 평생을 함께한다. 그것이 바로 '문해능력'이 되고, 언어발달에 커다란 영향을 미친다.

아이들은 단어를 많이 알수록 읽기를 더 잘하고, 읽기를 잘하면 더 많이 읽는다. 이러한 패턴은 또 더 많은 단어를 만나는 선순환으로 이어진다. 이렇게 아이의 읽는 양에 따라 어휘능력과 언어능력이 달라진다. 아이가 평생을 사용할 언어를 책임질 탁월한 문해능력은 목숨을 바쳐도 아깝지 않은 내 아이에게 꼭 물려주어야 할 소중한 유산이다.

끈기와 믿음이
필요해요

규하를 처음 보면 대부분 한없이 얌전하고 자기 통제를 잘하는 아이라고 이야기한다. 하지만 그것은 그런 말을 듣기까지 내가 쏟은 어마어마한 눈물을 몰라서 하는 말이다.

규하는 원래부터 그랬던 아이가 아니었다. 아기 때는 1초만 떨어져도 자지러지게 울며 품을 떠나지 않으려 하는 바람에 온종일 손에서 내려놓은 적이 없었다. 남편이 집에 오기 전까지 유난히 잘 우는 규하를 달래며 겨우 빵이나 떡 같은 것들로 끼니를 때우기 일쑤였다. 특별히 다이어트를 하지도 않는데 출산 후 두 달 만에 8kg이 빠져버릴 정도였으니 말해 무엇할까! 게다가 유독 시니컬한 데다 웃지도 않았다. 다소 온화한 인상이라는 평을 듣는 남편과 나로서는 그런 규하의 태도가 아쉽다 못해 어떤 때는 낯설게까지 느껴졌다. 매일 다른 아이처럼 까르르 까르르 잘 웃어주면 얼마나 좋을까 생각했다.

당시의 규하는 한마디로 말하면 '오감 과민'이었다. 모든 감각이 예민했다. 반찬 뚜껑 닫는 소리에도 자지러졌고, 엄마 외에 다른 사람이 안거나 만지면 숨이 넘어가라 울었다. 게다가 모유를 아무리 열심히 유축해도 채 20ml가 되지 않아 억지로 분유를 먹여야만 했는데, 반대로 규하는 오로지 종일 젖만 빨려고 했다. 그런데도 모유와 분유 둘을 합해 먹인 총량이 하루에 300~400ml를 넘지 않는 날이 대부분이었다. 찾아보니 기필코 배불리 먹이고야 말겠다는 오기와 신념으로 빼곡히 쓴 분유일지가 두 권이나 된다.

군대 다녀온 남자들이 모두 자기가 제일 고생했다고 말하듯 엄마들도 자기 아이가 제일 키우기 힘들었다고 하지만 나는 정말 정말 힘이 들었다. 너무 어려 집에만 있을 때는 힘이 들기는 해도 다른 사람 눈치만큼은 안 봐도 되었는데, 돌 즈음이 되자 아이가 엄마랑만 있으니 더 낯을 가린다는 주위의 말에 자꾸 신경이 쓰여 가만히 있을 수가 없었다.

사실, 규하는 나 외에 다른 사람들은 가까이하지 않으려 할 뿐 밖에 나가기를 좋아한다는 걸 아는 나는 어려움을 무릅쓰고 공동육아도 하고, 문화센터도 다니는 등 집 밖 활동을 시작했다. 그런데 규하는 10시부터 2시 정도까지 공동육아를 하는 시간 내내 울기만 했다. 아이들끼리 서로 어울려 놀 때 나는 규하를 안고 이 방 저 방 옮겨 다니며 달래야 했다. 식당에서나 카페에서나 다른 엄마들이 밥 먹고 차 마시며 아이들에게 간식 먹이고 수다 떨 때 나는 우는 규하를 들쳐업고 서서 혼자 밥 몇 숟갈겨우 입에 넣다가 포기하기를 반복했다. 다른 엄마들이 나와 규하에게 보내는 시선은 그들의 의도와 상관없이 '쟤는 왜 저렇게 예민하고 까탈스럽냐며 불편하다고, 빠졌으면 좋겠다'고 말하는 듯했다. 그게 내 자격지심일 뿐이라는 걸 아는 데도 소외감이 들었다.

그러던 어느 봄날, 햇살이 따스하게 내리쬐는 집 앞 예쁜 공원으로 다 같이 나들이를 갔을 때였다. 다른 아이들과 엄마들은 그곳에 돗자리를 깔고 오순도순 이야기꽃을 피우며 김밥을 나눠 먹는데 나는 어김없이 자지러지게 우는 규하를 안고 한 시간 넘게 공원을 빙빙 돌아야 했다. 그래도 규하는 울음을 그칠 줄 몰랐다. 그때 생각이 들었다.

'아, 내가 이 모임에 나오는 게 잘못일 수도 있겠구나.'

그리고 모임을 그만두었으나 규하는 그 후에도 모임을 했던 아이들이나 엄마들을 길에서 만나면 갑자기 집에 가자며 떼를 썼다. 매번 그러는 규하 모습을 보고 나서야 그때 내가 아이를 위해 한다고 했던 일들이 아이에게는 괴롭고 힘든 일이었다는 사실을 확연히 깨달았다.

　그렇게 공동육아를 그만두고 난 다음부터는 다른 사람들이 말하는 좋다는 육아 방식에 휘둘리지 말고 내 마음의 소리를 따라가 보기로 했다. 규하가 밖에 나가지 않겠다는 날은 아빠가 오기 전까지 온종일 집에서 이런저런 놀이를 하며 하루를 보냈다. 밖에 나가자고 하면 비가 오든 눈이 오든, 언제든 어디든 데리고 나갔다. 오로지 아이의 생활에만 초점을 맞춰 일상을 바꿨다. 친구도 지인도 거의 만나지 않고 아이와 둘이서만 주로 시간을 보냈다. 그들의 시선을 의식해 눈치 보며 규하에게 내가 전해야 하는 사랑을 제한하기 싫었다. 마음 가는 대로, 아이가 원하는 대로 육아를 시도했다. 너무 힘들 땐 놀이치료사 친구와 온갖 이야기를 하며 위로를 얻었다.

　한두 해가 지나고 언제부터인가 규하는 조금씩 민감함을 벗어던지더니 지금은 낯선 사람이 만져도 울지 않고, 싫으면 만지지 말라며 할 말을 하는 아이가 되었다. 감정이 상하면 울기보다는 그러면 자기가 속상하다고 곧바로 말한다. 이렇게 되기까지 참으로 오랜 시간 아픔을 견디며 지나왔다.

규하가 말이 느리거나 늦은 아이는 아니라서 그 같은 증상을 보이는 아이를 키우는 엄마들이 느끼는 고통을 똑같이 느낀다고, 같은 마음이라고 장담할 수는 없다. 하지만 너무나도 예민한 규하와 함께했던 녹록지 않은 경험은 맘카페나 인터넷에서 유독 힘든 육아를 한다는 엄마들의 글, 특히 아이의 말과 관련된 이야기를 그냥 지나치지 못하게 만들었다. 나처럼 의식적으로 사람을 피하며 혼자 힘겨운 싸움을 하고 있을 것만 같아서다.

엄마는 아이의 눈을 보면 지금 어떤 상태인지 본능적으로 안다. 아이를 키워보니 표정만으로도 아이의 감정을 느낄 수 있다는 것, 그래서 엄마들이 타인의 시선을 의식하거나 다른 아이와 자꾸 비교하면서 더 좌절에 빠지게 된다는 것을 알았다. 내가 가장 힘들어했던 시기 또한 규하와 함께 사람을 많이 만나고 다니던, 어느새 다른 아이들의 장점과 규하의 단점을 비교하던 바로 그때였다.

사람들을 만나지 말라는 게 아니다. 남들의 시선으로부터 자유로워져야 한다는, 다른 아이와의 비교라는 굴레에서 빠져나와야 한다는 말이다. 거기서 벗어나야 내 아이를 제대로 볼 수 있다. 그게 시작이다. 남들이 해서 하는 게 아니라 아이가 지금 원하고 필요로 하는 것들을 함께 고민하고 발견하며 아이를 믿고 따라가야 한다. 엄마는 아이가 말을 하지 못해도 지금 아이에게 가장 필요한 게 무엇인지 안다.

말이 느리거나 늦은 아이를 키우는 엄마들이 겪는 또 하나의 어려운 점은 아이와의 소통이다. 아이에게 엄마의 언어가 통하지 않으니 거대한 벽이 사이를 가로막고 선 듯 대화 자체가 어렵다. 하지만 그런 아이일수록 엄마가 아이 수준에 맞춰야 한다. 인지 등 여러 가지 발달의 측면에서 문제가 없다면 조금 늦더라도 분명 말이 터지는 시기가 온다.

그렇다고 해서 무작정 기다리기만 해서는 안 된다. 달리기를 잘하는 아이와 못하는 아이가 있듯 유독 언어를 습득하는 데 어려움을 느끼는 아이일 수 있으므로 구체적으로 세세하게 잘 알려줌으로써 그 어려움을 해소시켜 주어야 한다. 그런 마음가짐으로 부드럽게 아이에게 다가간다면 아이도 곧 엄마와 시선을 마주할 것이다. 아이들에게는 무한한 능력이 있다. 우리 아이들의 그 능력을 믿고 끈기 있게 응원을 보내면서 다시 힘을 내자.

아이의 사랑을
기억하세요

소중한 사람을 아끼고 지키는 방법은 사람마다 각자 다르다. 어떤 이는 가능한 많은 시간을 보내며 사소한 일도 상대와 공유하기를 좋아하고, 어떤 이는 자신이 아끼고 예뻐하는 것들을 소담스레 잘 포장해 건넨다. 모두 사랑이다.

규하는 가끔 내 얼굴을 두 손으로 쓰다듬으며 속삭인다.

"엄마, 사랑해."

그러면 나도 규하를 품 안에 꼭 껴안고 말한다.

"엄마도 규하를 사랑해. 머리부터 발끝까지 정말정말 모두 모두 사랑해."

이처럼 엄마와 아이가 서로를 사랑하고 아끼는 방법에도 여러 가지 모양이 있다. 그중 가장 쉽고 빠른 것은 마음이 듬뿍 담긴 말이다. 말에는 놀라운 힘이 있다. 뭔가를 담으면 그게 무엇이든 아무리 숨기려 해도 상대에게 고스란히 전달된다. 정성을 담으면 정성이, 미움을 담으면 미움이 상대의 마음에 콕 박힌다. 말은 그렇게 자기 생각과 감정을 타인에게 효과적으로 전달하는 수단이 되기도 하고, 잘못하면 오해를 불러일으키기도 한다.

상대를 잘 몰라 당황스러울 때, 즉 막막하거나 위급한 순간에서 어떻게 말해야 할지 몰라 쩔쩔매던 경험을 해보았을 것이다. 아직 말을 할 줄 모르는 아이의 마음도 그렇다. 답답하고 무섭고 화가 나도 어쩔 수가 없다. 단지 매달릴 수 있는 단 한 사람, 바로 자기를 지켜주고 보호해 주는 엄마에게만 의지할 뿐이다.

나는 우리 규하가 뭔가를 처음 느끼고 말을 하게 된다면 그것에는 사랑, 따스함, 애정이 담겼으면 좋겠다고 생각했다. 낯선 세상으로부터 자기를 지켜주는 엄마와 처음 나누는 대화 안에 그런 것들이 들어 있기를 바랐다.

하지만 누군가의 마음을 내가 원하는 대로 바꿀 수는 없듯 내가 원하는 순간에 듣고 싶은 말을 억지로 끄집어낼 수는 없다. 그것은 아이 스스로 준비가 끝났을 때만이 가능하다. 그러므로 아이에게 일찍부터 말하기를 강요하기보다는 아이 스스로 말을 만들어낼 수 있도록 세심히 준비해 주어야 한다.

말이 늦은 아이에게도 말이라는 그릇에 담아내고 싶은 다양한 마음이 늘 가득 차 있다는 걸 잊어서는 안 된다. 다만, 아직 표현을 못할 뿐이다. 그렇게 엄마는 아이의 사랑이 다양한 모양으로 시시각각 자신을 향해 쏟아지고 있음을 늘 기억해야 한다. 이제 아이 옆으로 한 걸음 다가가자. 그리고 귀를 잘 기울여보자. 들리지 않는가!

"엄마, 사랑해!"

Reference

*〈만 2세 반 영아의 스마트기기 이용에 대한 어머니들의 인식(스마트폰과 태블릿 PC를 중심으로)〉권연정(2014), 육아지원 연구, 9(1), p.213~242.

*〈'아동용 조음 검사'를 이용한 연령별 자음 정확도와 우리말 자음의 습득연령〉김민정 · 배소영(2005) 음성과학, 12(2), p.139~149.

*《조음음운장애》김수진 · 신지영(2007), 시그마프레스

*〈그림 자음 검사를 이용한 취학 전 아동의 자음 정확도 연구, 언어청각장애 연구〉김영태(1996), 1, p.7~33.

*《아동 언어장애의 진단 및 치료》김영태(2002), 학지사.

*《조기언어교육 프로그램》김영태 · 이영철 편역(1992) 특수교육.

*〈영아의 디지털기기 사용과 디지털기기에 대한 부모의 인식이 영아의 언어발달에 미치는 영향〉김유은 · 김정화(2020) 한국 보육지원 학회지, 16(3), p.39~58.

*〈훈민정음의 창제 원리를 활용한 한국어 자모 및 발음 교육 방안〉김지형(2007) 국어국문학, 147, 국어국문학회, p.221~258.

*〈언어발달. 학령기 아동의 말-언어장애 진단 및 치료 교육〉배소영(1998) 한국언어병리학회.

*《디지털 세상이 아이를 아프게 한다》신의진(2013) 북클라우드

*〈아동의 이중언어 경험과 상위인지능력의 관계 : 기수성을 중심으로〉이귀옥 · 이혜련(2005) 한국심리학회지, 18(2), p.105~119.

*《유창성 장애》이승환(2005) 시그마프레스.

*〈부모 요인, 친구 요인, 심리적 용인이 초등학생의 충족적 휴대전화 사용에 미치는 영향〉이어리 · 이강이(2012) 아동교육, 21(2), p.27~39.

*〈2~4세 아동의 의문사 이해에 관한 연구〉이정미 · 권도하(2005) 언어치료연구, 14, 한국언어치료학회, p.185~204.

*〈영유아의 미디어 매체 노출실태 및 보호대책〉이정림 · 도남희 · 오유정(2013) 육

아정책연구소, 연구보고, 15, p.1~176.

*〈어머니의 책 읽기 상호작용 유형이 영아의 초기 어휘 발달에 미치는 영향〉이지연 · 이근영 · 장유경(2004) 한국심리학회지, 발달, 17(1), p.131~146.

*〈영아 초기 어휘발달의 특성 : 8~18개월 영아의 단기 종단 연구〉이지연 · 장유경 (2005). 한국심리학회지, 발달, 158(3), p.105~123.

*〈한국어-영어 이중언어 사용 아동의 품사별 오류 유형 분석〉임동선(2001) 연세 대학교 대학원. 석사학위 논문.

*〈아동의 인터넷 사용 정도에 영향을 미치는 부모의 양육태도 및 부모-자녀간 의사 소통〉장영애 · 박정희(2007), 한국생활과학회지, 16(6), p.1131~1140.

*〈기질과 초기 어휘 습득의 관계〉장유경 · 이근영(2006), 아동학회지, 27(6), 한국 아동학회, p.263~276.

*〈미디어 노출이 언어발달에 미치는 영향〉조민수 외(2017), 대한소아신경학회지, 25, p.34~38.

*〈유아의 사회, 정서발달에 미치는 가족 특성, 보육 경험 및 기질 변인 분석〉조혜진 · 이기숙(2004), 유아교육연구, 24, p.263~284.

*〈한국어-영어 이중언어 아동의 언어발달지체 판별 연구〉홍성미(2014), 이화여자 대학교 일반대학원 석사학위 논문.

*〈학습 및 기억과제를 통한 이중언어 아동의 언어발달지체 평가〉홍성미 · 임동선 (2014), 한국언어청각임상학회, 19(1), p.31~44.

*〈2세부터 5세 아동의 종성 발달에 관한 연구〉홍진희 · 배소영(2002), 언어청각장 애연구, 4, p.294~304.

*〈이중언어(한국어-영어)를 하는 아동의 언어능력 발달에 관한 연구〉황혜신 · 황 혜정(2000), 아동학회지, 21(4), p.69~79.

*〈우리 아이 언어치료 부모 가이드(More Than Words)〉편 서스먼(2017), 하넨 센 터.

*《언어발달(Language Development)》 Erika Hoff(2006), 시그마프레스.

*《아동정신병리》 Eric J. Mach & Russel A. Barkley(2006), 시그마프레스.

*《아기들은 어떻게 배울까? 아기들이 말과 사물과 사람을 배우는 방법(The Scientist

in the Crib)》Gopnik, A., Meltzoff, A. N., & Kuhl, P. K.(2008), 곽금주 옮김, 동녘사이언스(원판 1999).

*《책 읽는 뇌 : 독서와 뇌, 난독증과 창조성의 은밀한 동거에 관한 이야기(Proust and the squid : The story and science of the reading brain)》Wolf, M.(2009), 이희수 옮김, 살림(원판 2007).

*《The transition from infancy to language : Acquiring the power of expression》 Bloom, L.(1993), Cambridge, Englang : Cambridge University Press.

*〈Temperamental predictors of linguistic style during multiword acquisition〉 Dixson, W., & Smith, P. H.(1997), Infant Behavior and Development, 20, p.99~103.

*〈Digital natives? New and old media and children's outcomes〉Bittman, M. Brown, J. Rutherford, L & Unsworth, L(2011), Australian Journal of Education, 55 (2), p.161~175.

*《Interactive media use at younger than the age of 2 years : time to rethink the American Academy of Pediatrics guideline?》Christakis DA(2014), JAMA Pediatr, 168, p.399~400.

*〈Learning discourse topic management in the preschool years〉Foster, S. H.(1986), Journal of Child Language, 13, p.231~250.

*〈Interactive Text Study and the Co-Construction of Meaning : Havruta in the DeLeT Beit Midrash〉Kent, O.(2008).

*〈Media literacy and the challenge of new information and communication technologies〉Livingstone, S.(2004), The Communication Review, 7(1), p.3~14.

*〈Language development and symbolic play in children with and without familial risk for dyslexia〉Lyytinen, P., Poikkeus, A.-M., Laakso, M.-L., Eklund, K., & Lyytinen, H. (2001). Journal of Speech, Language, and Hearing Research, 44(4), 873-885.

*〈The Plurality of Literacy and its implications for Policies and Programs : Position

Paper. Paris: United National Educational〉 UNESCO Education Sector, Scientific and Cultural Organization, 2004, p.13, citing a international expert meeting in June 2003 at UNESCO. http://unesdoc.unesco.org/images/0013/001362/136246e.pdf